让孩子们心动的故事

listen to the
voice of happiness

聆听
快乐之声

燕子 主编

哈尔滨工业大学出版社
HARBIN INSTITUTE OF TECHNOLOGY PRESS

图书在版编目(CIP)数据

聆听快乐之声 / 燕子主编. — 哈尔滨：哈尔滨工业大学出版社，2016.1
（让孩子们心动的故事）
ISBN 978-7-5603-5402-6

Ⅰ.①聆… Ⅱ.①燕… Ⅲ.①童话－作品集－世界 Ⅳ.①I18

中国版本图书馆 CIP 数据核字（2015）第 114401 号

让孩子们心动的故事

聆听快乐之声

策划编辑	甄淼淼
责任编辑	苗金英
文字编辑	葛文婷　苗　青
装帧设计	麦田图文
美术设计	Suvi zhao　蓝图
出版发行	哈尔滨工业大学出版社
社　　址	哈尔滨市南岗区复华四道街 10 号　邮编 150006
传　　真	0451-86414749
网　　址	http://hitpress.hit.edu.cn
印　　刷	牡丹江邮电印务有限公司
开　　本	889mm×1194mm 1/32　印张 5　字数 60 千字
版　　次	2016 年 1 月第 1 版　2016 年 1 月第 1 次印刷
书　　号	ISBN 978-7-5603-5402-6
定　　价	16.80 元

（如因印装质量问题影响阅读，我社负责调换）

前言

嘿,亲爱的你,最近心情怎么样?晴空万里,还是阴云密布?或许你到了有心事的年龄了,让我猜猜,都有哪些烦心事呢?

考试得了"鸭蛋",被老师请家长;偷懒赖床,却被妈妈"帕瓦罗蒂"式的嗓音吵醒;"排山倒海"的怒火,让同学对你敬而远之;不小心交了坏朋友……

嘿,别担心,快翻开这本让无数孩子心动的故事书,神奇的魔力会让懒惰变勤奋、说谎变诚实、懦弱变勇敢、哭泣变微笑……

嘿,成长就是这样,笑对生活,学会分享,让烦恼消失,让快乐回来!

- 流浪的猫 6
- 七色花 16
- 寻找幸福 24
- 飞箱 32
- 蝴蝶先生 42
- 老头子做事总不会错 52
- 两只公鸡 62
- 豌豆上的公主 70
- 陀螺和皮球 78
- 小意达的花儿 88
- 卖火柴的小女孩 96
- 自私的巨人 104

目录

特殊的『十二位旅客』 114

枞树 124

互敬互爱的三兄弟 134

蓟的遭遇 140

幸福的家庭 148

蜗牛和玫瑰树 156

Contents

流浪的猫

北风呼呼地刮着,金黄的树叶纷纷从树上掉落下来。街道上几乎看不到什么人,只有一只小猫儿拖着脏兮兮的身子在街上到处乱走。

他的眼珠不停地打转,似乎在寻找着什么东西,或许这小家伙的肚子早就饿得咕咕叫了吧。

这是一只多么可怜的小猫儿啊。他的名字叫尼卡,因为没有人照顾,可怜的尼卡只能独自在街头流浪。因为没有办法洗澡,尼卡看起来脏兮兮的,浑身上下沾满了灰尘,就连尾巴都打了结。

　　为了不遭受饥饿的折磨,尼卡只好到处乞讨,每当看到有人前来,尼卡都会喵喵地叫着。可那些人根本不愿多看他一眼,一见到他便远远地躲开了,有时候就连那些看家的狗也会走过来欺负他。

　　可怜的尼卡每天都过得痛苦极了。尼卡心想:"我多么希望能够交到朋友,我多么需要朋友的陪伴,可是又有谁不讨厌我,愿意走近我呢?唉,我到底该去哪里寻找朋友呢?"

　　尼卡心想:"或许我应该把自己洗得干净些,要是我变得干净了,可能就不会再遭到别人厌恶了,可是我不知道什么地方有水。"尼卡自言自语道:"我到底该去哪里找水呢?"

　　于是,尼卡在街上胡乱地走着,他来到了一个居民区中。他左瞧瞧,右看看,很想找到一家既没有主人,又没有看家狗的空屋子。可尼卡找了半天,也没有发现一个这样的地方,他不

禁有些失望了,只好找了一个角落躲起来。

就在尼卡想要从居民区中离开的时候,他看到有一家人轻轻地关上门,拎着极为沉重的行李出门了。尼卡看到这一幕非常高兴,他喃喃地说:"我终于要实现愿望了。"

尼卡并没有立刻走进去,他躲在一旁观察了许久。当他确信屋子的主人不会立刻回来,屋子里也没有凶狠的恶狗后,才放心地跳进了院子。

可怜的尼卡很少像今天这样幸运过,他很顺利地进入了院子。这时,他发现在院子的中央放着一盆十分清澈的水。望着这样清澈的水,尼卡十分开心,他"扑通"一下就跳了进去,开始洗起澡来。

"这回我一定要把自己洗得干净些,或许只有这样我才能够交到朋友。"就在尼卡自言自语的时候,水中突然出现了一个倒影。

"这倒影会是谁呢?他似乎在微笑,难道这

就是我的朋友?"尼卡脑海中不禁打了一个大大的问号。

心中满是疑惑的尼卡,向着水中的倒影望去,他发现是一条狗正在看着他。

"哦,天哪,真是没有想到,我竟然会遇到狗,要是我跑得慢了,恐怕又要被欺负了。"说着,尼卡便不顾一切地从水里跑了出来,连盆子都打翻了。

那条狗似乎看出了尼卡的心思,他对尼卡说道:"我倒是觉得您应该再洗一洗,因为您身上仍然沾满了灰尘。"

尼卡听到那条狗在和他说话，不禁有些吃惊，也有些怀疑，他回头看了一眼，发现和他说话的确实是这条狗。

尼卡问道："我走进院子的时候怎么没有看到您？"

那条狗说道："那是因为我躲了起来。"

狗对尼卡想要离开的举动感到奇怪，于是问道："难道您是因为害怕才想要离开吗？要是那样，您完全没有必要呀。您瞧，我的腿已经受伤了，疼得厉害，就连走路都十分困难，又怎么会有力气欺负您呢？"

尼卡这时才发现那条狗的双腿已经断了，心想："原来我并不是这世上最可怜的。"他不禁有些同情这条狗。于是，他们开始闲聊了起来。

这条狗对尼卡说："您好，我的名字叫巴里，您的名字呢？"

"我叫尼卡，是一只在街上流浪的猫，或许是因为我太脏了，几乎没有人喜欢我，没有人

愿意和我成为朋友。"说到这儿,尼卡有些沮丧。

"我可不这样认为,您只要在水中洗一洗就会变得干净了,要是您愿意的话,完全可以留下来,我的主人已经出了远门,我在家里也有些孤单。"这时,巴里有些不愿尼卡离开了。

"要是那样的话真是太好了,我多么希望我们能够成为朋友。"尼卡高兴地说。

于是,尼卡便留了下来,他觉得巴里十分可爱,同时尼卡自己也十分需要一个朋友来陪伴他、帮助他,尼卡觉得巴里再合适不过了。

尼卡和巴里就这样成了好朋友,不过,尼卡并没有一直待在家里,他不时出去走走,以便于找到些吃的东西送给巴里,同时他还给巴里讲一些他在外面听到的故事。

　　这样一来,他们的生活就变得十分有趣了。或许现在走进那个居民区,还能够看到巴里和尼卡的身影。他们每天在一起玩耍,日子过得快乐极了。我还要告诉大家的是:在尼卡的精心照料下,巴里的腿已经完全康复了。

和爸爸、妈妈一起分享

小猫尼卡的流浪生活过得十分艰苦,缺衣少食,还总被欺负。但是他没有放弃自己,他知道要清理自己,使自己变得整洁干净。

他心态很好,面对生活,保持着乐观向上的态度,正是因为这样,他真的交到了朋友,并且用自己善良、快乐之心照顾朋友,他的生活从此变得美好起来。

生活中,我也会告诉孩子,如果以后遇到艰苦的环境,不要灰心,不要放弃,更不能沉沦其中,要像尼卡一样,保持积极乐观的心态,勇敢地面对生活。

重庆市王浚西爸爸 王朝龙

小朋友,关于这个故事你有什么话要说,写到下面吧!

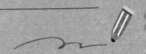

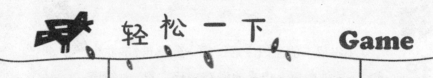

学英语引起的笑话

英国孩子Tom教中国孩子李明学英语。

Tom说:"是-yes,好-nice,汽车-bus,嘴-mouth,女孩-girls!"李明听了觉得很奇怪,为什么英语都是什么"死""死"的?

yes ——	爷死
nice ——	奶死
bus ——	爸死
mouth ——	妈死
girls ——	哥死

李明想:"英语真是太好学了。"于是随口问了句:"有没有'我死'呀?"

Tom听了佩服极了,"was?当然有了!哇噻,你好聪明哟!"Tom说。

李明又问:"'都死'怎么说?"

Tom想:"李明连does都会说,好厉害。"

学汉语引起的笑话

"Tom，按照你们的方法我也教你几个最简单的字，四(si)、是(shi)、十(shi)。"李明对Tom说道。

Tom跟着李明读：

> 四是四，十是十。
> 十四是十四，四十是四十。
> 不能把四读成十，也不能把十读成四。
> 更不能把十四读成四十，把四十读成十四。

Tom读得一塌糊涂，头脑发晕地说："Oh, my God！汉语简直不是东西！"因为Tom说得最好的两个字就是"东西"。

七色花

从前,有一个小女孩,她的名字叫珍妮。一天,珍妮在回家的途中迷了路,不知不觉来到了一片森林里。这片森林里几乎看不到什么人,珍妮很害怕,便大哭起来。

这时候,一位善良的老婆婆出现了。她问道:"孩子,你怎么哭了?"

珍妮回答说:"我叫珍妮,我找不到回家的路了。我已经出来很久了,现在妈妈一定在担心我呢。"

"原来是这样,我倒是可以帮你,在这附近

的花园中生长着一朵可以帮人实现愿望的七色花,要是你相信我,就和我一起去寻找吧。"

"老婆婆,感谢您的好意,拜托您带我去吧。"说完,老婆婆便带着珍妮来到了花园。

老婆婆指着花园中的一朵花对珍妮说:"你瞧,这朵花的花瓣有红、橙、黄、绿、青、蓝、紫七种颜色,这便是七色花了。"

"它真的能帮我实现愿望吗?"珍妮疑惑地问道。

"当然了,只要你撕掉七色花的一片花瓣,再把花瓣扔出去,唱个歌谣,你的愿望便可以实现了。"说完,老婆婆便把歌谣教给了珍妮。

珍妮用心记

下,待老婆婆走后,珍妮便决定试一试。

"这是一朵多么美丽的花啊,我多么希望它能够帮我找到回家的路。"珍妮喃喃地说。

说完,珍妮便撕下了一片红花瓣,把它扔了出去,唱起了老婆婆教给她的歌谣,歌谣还没有唱完,珍妮便回到了家。

"哦,天哪!这朵花简直太神奇了,我要把它放在最好的花瓶中。"说着,珍妮便要去拿放在书架上的那个妈妈最喜爱的花瓶。

可是不知怎么了,珍妮的手刚刚碰到花瓶,花瓶就顺着她的指尖滑落下去,掉在了地上,摔成了碎片。

"要是妈妈看到花瓶碎了,一定会伤心难过。"珍妮皱了皱眉头,担心地说。于是,她急忙撕下一片花瓣,把它扔了出去,唱起了歌谣。不一会儿地上的碎片便消失了,花瓶恢复了原来的样子。

珍妮看到花瓶恢复了原样,十分开心,她

顺手把七色花放到花瓶中，便出去了。

她走在马路上，忽然看到一群小男孩正在玩北极探险的游戏，珍妮走上前说道："我可以和你们一起玩儿吗？"

小男孩拒绝了她。这时，她想起了花瓶里的七色花。于是她急忙回到家中，撕下一片花瓣，唱起了歌谣："美丽的花瓣哟，请把我送到北极去。"

还没等珍妮反应过来，她便来到了十分寒冷的北极。在这里，她看到了北极熊。由于珍妮穿的衣服十分单薄，她感觉冷极了，便急忙撕下了一片花瓣，唱道："美丽的花瓣，请送我回家吧。"珍妮又重新回到了家中。

珍妮又来到院子里，看到许多美丽的女孩正在快乐地玩耍，她们手里拿着各种各样的娃娃、小熊、小猪……

珍妮心想："我也要有这么多的玩具。"于是，她撕下手中七色花的花瓣，唱道："请让这世上所有的玩具都到我这里来吧。"于是,所有的玩具便像长了翅膀一样纷纷从远方飞来。这些玩具中有各种各样的洋娃娃,还有小汽车和飞机……

或许是因为玩具太多了,街道已经被堆得满满的,丝毫没有留下一点空隙,就连交通也变得不畅通了。看到街道、交通被自己弄得不成样子,珍妮心想:看来是我太贪心了。

于是,她急忙撕下一片花瓣,唱道:"让所有玩具都回到它们应该去的地方吧。"一切又恢复了原样。

珍妮手中的花只剩下了一片花瓣。珍妮心想:这一片花瓣我到底应该怎么用呢?或许我应该做些有意义的事。

珍妮在路上走着,她发现了一个长得十分可爱的小男孩,脸上充满了忧愁,在大门前的板凳上坐着。

珍妮走上前对小男孩说道:"小朋友,可以告诉我你的名字吗?"

"我的名字叫汤姆。"汤姆很友好地回答。

"汤姆,我们可以一起玩捉迷藏吗?"珍妮问道。

"捉迷藏?我恐怕要让你失望了,因为我是一个跛子,蹦蹦跳跳对我来说简直是奢望。"

"哦,真可怜。不过没关系,我会帮助你,我想你很快就会好起来了。"说着,珍妮便唱起了歌谣:"美丽的花儿,拜托你让汤姆的腿好起来吧。"

不一会儿,小男孩的腿真的好起来了,他的脸上荡起了笑意,他飞快地跑着,和珍妮玩起了捉迷藏。

和爸爸、妈妈一起分享

"妈妈,珍妮实在太浪费她的愿望了!"俊博听完故事后说。我问他:"如果你也有了这样一朵七色花,你又会许什么愿望呢?"

"我要吃不尽的好吃的;玩不尽的好玩的;学习成绩第一;我要拥有很多粉丝;有数不尽的时间玩;我希望我的大黄蜂变成真的,而不是玩具;我希望像超人一样会飞……"俊博掰着手指头数着愿望。

我心里想:"小孩子就是小孩子,满脑子都是自己,满脑子就是玩儿的事。"

我对儿子说:"在这一点上,你的做法就不如珍妮了,她不像你只想着自己。"

俊博听后,吐出舌头,做个鬼脸说:"那我重说吧。"

不知道这次,俊博会不会留一个愿望给他人?

北京市刘俊博妈妈　李雪华

小朋友,关于这个故事你有什么话要说,写到下面吧!

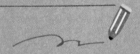

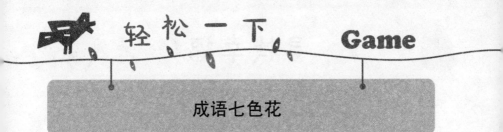

成语七色花

用下面的数字一至七,写出不同的成语,填写到花瓣上。

注意:每个数字写出两个成语,并且每两个成语最多有两个字是重叠的。

寻找幸福

从前,有一个村庄看起来十分美丽,那里有盛开的鲜花,绿油油的草地,还有茂密的树林,清澈的小河。

在村庄里住着三个十分可爱的孩子,每天清晨三个孩子会一起把羊群赶到茂密的树林中,在那里他们有时候望着蓝天白云,有时候望着天上快乐飞行的小鸟,一起说说笑笑。

在茂密的树林中有一口老喷泉。从前,老喷泉喷出的水总是十分清澈,不过现在老喷泉似乎坏了,它再也不能够喷出水来。

一天,三个孩子发现了这口破旧的老喷泉,其中的一个孩子说:"要不是这喷泉口上堆满了枯枝落叶,它一定还能够喷出水来。让我们把落叶清理干净,让它再一次喷出水来,好吗?"

他的同伴高兴地说道:"这是多么美好的一件事,我同意你的想法。"

第二天,他们便带着锄头和铁锹来到了森林中,开始挖了起来。他们挖了一锹又一锹,终于把堆在喷泉口的枯枝落叶都清理干净了,泉水重新喷了出来。看到这一幕,三个孩子高兴极了。

就在这时,从远处走来一位十分美丽的姑娘,这位姑娘披着一头金发,头发很长,一直垂到脚跟。

美丽的姑娘对三个孩子说道:"我可以喝这喷泉里的水吗?"

"当然可以了。"三个孩子说道。

于是,那位美丽的姑娘便低下头,把水捧到手里喝了三口。喝完水后,姑娘对三个孩子说道:"感谢你们的好意,我祝你们幸福。"

其中一个孩子充满好奇地问道:"那到底什么才是幸福呢?"

"这个就要靠你们自己去寻找和体会了,就让我们十年后在这里相见吧。"说完,美丽的姑娘便消失了。

孩子们一头雾水,仍然不明白到底什么才是幸福。于是,他们决定到不同的地方去寻找幸福。其中一个孩子说:"我要向西走。"

另一个孩子说:"我要向东走。"还有一个孩子决定留在村庄里。

说完,他们三个便分开了,分别去了自己想要去的地方。

十年后的一天,他们三个在森林中相遇了。这时候他们三个已经成了健壮的青年,并且有了各自的生活。

只是那位美丽的姑娘还没有出现,也不知道她到底是谁,她到底去了哪里。

他们三个中的一个说道:"十年过去了,我已经成了一名医生,不知挽救了多少生命。"

另外两个人问道:"那么你觉得到底什么才是幸福?"

"看着人们从昏迷中醒来,看着人们摆脱疾病的煎熬,我觉得这便是幸福了。"那个人高兴地说。

"我也过得幸福极了,十年过去了,我不知

去了多少个地方,做了多少件事。我总是通过劳动帮助别人,养活自己,这让我觉得很幸福。"另一个人说道。

还有一个人说:"我整日待在这美丽的村庄里,一年又一年地在土地上种着麦子,我种的麦子不知养活了多少人,这便是我觉得最幸福的事了。"

话音刚落,那位美丽的姑娘出现了。她依旧像十年前那样美丽。她望着三个青年说:"我为你

们感到高兴,因为你们都明白了到底什么才是幸福。"

他们三个齐声问道:"可以告诉我们,您到底是谁吗?"

美丽的姑娘回答说:"我是智慧的女儿。"说完,美丽的姑娘再次消失了。

原来幸福很简单,你的幸福是什么呢?

和爸爸、妈妈一起分享

　　三个善良的男孩,通过自己的努力,各自获得了幸福,这是多么美好的一个故事。

　　有时我会想:"这样的幸福,是不是只存在于故事中?现实生活中,平凡的你我,也能拥有这样的幸福吗?"

　　我曾经也这样怀疑过、迷茫过,直到我组建了自己的家庭,并拥有了可爱的孩子,我才明白幸福的秘诀不是等待而是努力,虽然不一定会马上实现,但幸福终究不会辜负努力的人。

　　我把我的经历分享给各位家长,希望大家都能开创自己的幸福生活。

唐山市郑钰勋爸爸　郑忠良

小朋友,关于这个故事你有什么话要说,写到下面吧!

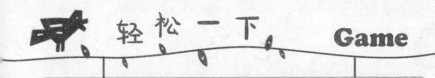

轻松一下 Game

你所不知道的节日

说到快乐、幸福的词语时,我们不得不提到节日,因为过节的时候大家会很快乐,很幸福。

元旦、圣诞、新年这些节日大家都再熟悉不过了,可是,我今天要说的节日你一定不知道。

★国际海豹日

对于海豹你们一定很了解,不过它们现在的数量却越来越少了,为了更好地保护它们,不让它们在我们的生活中消失,人类成立了拯救海豹基金会,把每年的3月1日定为国际海豹日。

★世界儿歌日

对于孩子来说,听着欢声笑语、美妙的儿歌,是一件非常快乐的事情。国际诗歌会创立了世界儿歌日,时间定为每年的3月21日。

★这些日期都很重要,还有更重要的,我想考考你!

爸爸的生日: □□□□年□□月□□日
妈妈的生日: □□□□年□□月□□日

飞箱

很久以前,有一个商人的儿子,他坐上会飞的箱子来到了土耳其王国。他刚一落地便看到了一位带着孩子的奶奶。

商人的儿子对奶奶说道:"您好,很高兴见到您。您知道靠近城边的那座宫殿上的窗子为什么要建得那样高吗?"

"我当然知道了,年轻人,因为那里住着国王美丽的女儿。"奶奶微笑着回答。

奶奶又接着说道:"不过很少有人能够见到她,这是因为一个可怕的预言。预言说:"公主会因为爱人的出现而变得不幸,要是想要见到她恐怕要等国王、王后都在场才行。"

"感谢您的好意。"商人的儿子告别了那位奶妈,便坐上了飞箱朝着公主的房间飞去。

这时候公主仍沉浸在睡梦中。或许是因为公主太过美丽了,商人的儿子竟然有些情不自禁。他偷偷地吻了公主的脸颊,也就是这一吻,把公主惊醒了。

看到房间里进来了人,公主不禁吃惊地问道:"你到底是谁?怎么会来到我的房间?"

商人的儿子说:"我是土耳其人心中的神,我是从

空中飞来看望你的。"公主听到商人的儿子的话开心地笑了起来。

"那么你会讲故事吗？我多么希望你能够讲故事给我听啊。"公主说。

"当然了，我可是土耳其人心中的神。"商人的儿子信心满满地说。

接着，商人的儿子便望着公主的眼睛，说："你的眼睛是那样美丽，就好像纯净的湖水一般，你的思想就好像在湖里游动的鱼。再说说你的前额吧，你的前额看起来好像一座雪山，上面的大厅简直太华丽了，里面挂满了美丽的画卷。"

"这些故事，你喜欢吗？我多么希望你能成为我的妻子啊。"商人的儿子竟然已经在向公主求婚了。

公主很快就答应了商人的儿子的请求。"再过两天，我的父王和母后会和我一起喝茶，到时候你就可以对他们说出请求了，我真希望你能来。"公主说。

"我想我一定会来的。"商人的儿子诚恳地说道。

"我还要告诉你的是：我的父王和母后十分喜欢听故事，要是你能够讲一个精彩的故事，我想他们就会答应我们的婚事了。"公主满心期待地说。

"我想，我不会令你失望的。"说完，商人的儿子便离开了王宫。

约定的时间到了，商人的儿子准时来到了王宫。国王和王后正在和公主一起喝茶。商人的儿子走上前，向国王和王后行礼，并对他们说："尊敬的国王、王后，请允许我娶美丽的公主为妻吧！"

"那么你会讲故事吗？要是你能讲一个让我们听了都发笑的故事，我们便答应你和公主的婚事。"国王和王后说道。

"当然了，我想我讲的故事完全能令大家

发笑。"商人的儿子胸有成竹地说。接着,商人的儿子便讲起了一捆柴火的故事。

商人的儿子说:"很久以前,有一捆柴火,它们十分骄傲,它们觉得再没有谁会比它们的出身更高贵了。它们来自森林中一棵高大的枞树,不过现在它们却只能和打火匣,还有老铁罐待在一起了,回忆着它们年轻时候发生的故事⋯⋯"也不知过了多久,商人的儿子才将整个故事讲完。

"上帝哟,这恐怕是我们听过的最有趣的故事了,你讲得真是好极了!看来我必须要答应你和公主的婚事了。我一定为你们举行一场十分盛大的婚礼,婚期就定在下周好了。"国王

高兴地说。

在举行婚礼的前一天晚上,城市上空大放光彩,街上站满了人,孩子踮起脚尖大声喊着:"万岁!"商人的儿子心想:"是时候让大家感受到我的开心、我的快乐了。"

于是,他买了许多烟花和爆竹,装进箱子里,飞向了天空。"啪"的一声,爆竹在天空中响了起来,烟花也焕发出美丽的色彩,街上的人们欢呼着、跳跃着,就连他们穿的鞋子都飞到了天空中。

这样美丽的夜空,人们还是第一次遇见,人们完全相信了公主将要和"土耳其人心中的神"结婚的事实。

可商人的儿子却不知道人们到底是怎样看待他的。于是,他降落到街上,不停地追问着街上的人们。

有的人说:"那位'土耳其人心中的神',眼睛会像天上的星星一样发光,胡须就像水中泛起的泡沫。"

还有的人说:"那位'土耳其人心中的神',穿的外套看起来就像火一样。"

商人的儿子听了人们的话,高兴极了,他又钻进箱子飞向高高的空中,他飞过山谷、飞过小溪,最后在一片森林中停了下来。然而不幸的是,箱子被爆竹的一颗小火星点燃了。

现在,他再也不能飞起来了,再也不能见到那位美丽的公主了。他只好在世界各地"旅行",为孩子们讲故事,不过他再也讲不出像一捆柴火那样有趣的故事了。

而美丽的公主还在思念着商人的儿子,等待着自己的未婚夫。

和爸爸、妈妈一起分享

给孩子讲完故事后,孩子问我:"为什么没有了箱子,商人的儿子就再也讲不出有趣的故事了呢?"

我告诉他:"因为没有了会飞的箱子,他就再也不能到处游览,也不能娶公主了。这令他很沮丧,心中没有了快乐,又怎么能讲出有趣的故事呢?"

"要如何不像商人的儿子那样,丢失快乐呢?"他又问我。

我告诉他:"那就仔细观察生活,发现生活中点滴的小快乐,这样慢慢积累,快乐就会填满你的生活。"

威海市聂百硕妈妈　耿明慧

小朋友,关于这个故事你有什么话要说,写到下面吧!

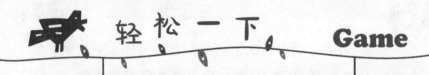

轻松一下　Game

文学离你并不遥远

一天，诗歌和散文、小说争吵了起来，他们都认为自己的贡献最大。

诗歌说："你们谁也没有我动人，在我们家族中诞生了那么多的诗人：有写出了'几处早莺争暖树，谁家新燕啄春泥'的唐代诗人白居易，还有写出了'帘卷西风，人比黄花瘦'的宋代女词人李清照，更有写出了'轻轻的我走了，正如我轻轻的来'的近代诗人徐志摩。"

小说不服气地说："你们诗人的思想最难懂了，我看还是我们小说家更受人喜欢，在我们家族中有写出了《简·爱》的夏洛蒂·勃朗特，还有写出了《红楼梦》的曹雪芹。"

这时，散文说话了："我倒认为我们散文家族一点也不比你们诗歌、小说逊色，在我们家族中有写出了《荷塘月色》的朱自清，还有写出了《荔枝蜜》的杨朔。"

同学们，你们平常喜欢阅读吗？喜欢观察

吗？其实，文学离我们并不遥远，文学就在我们身边，只要你善于观察、善于发现、善于思考，不难在生活中找到令你感兴趣的事物，这些事物便是你创作的源泉，这些事物便是激发你创作的动力，请爱上文学、爱上阅读吧。

蝴蝶先生

有一位蝴蝶先生想和美丽的花儿小姐成为恋人。

为了找到这样的花儿,蝴蝶先生一会儿飞到花园里,一会儿又飞进农庄。他很早就听说:雏菊小姐是天才的预言家,能知道恋人之间的所有事情。

于是,他满怀着热情,对雏菊花说道:"亲爱的雏菊花,我想不会有哪朵花比您更聪明了。您是一个多么聪明而又美丽的女人,我多么希望得到您的指引,我多么希望能够找到一位恋

人,可我却不知道我的恋人在哪里,要是您知道的话,就请告诉我吧,那样我就可以直接飞到她身边向她求婚了。"

可雏菊花却没有回答。这是因为雏菊花生了蝴蝶先生的气,在雏菊花看来自己还是一个天真的少女,可蝴蝶先生却完完全全把她当成了女人,这两者之间可是有着莫大差距的。

蝴蝶先生不甘心,只好又说了一遍与刚才同样的话。这次,雏菊花依旧没有回答。她仍然在生蝴蝶先生的气,丝毫不愿多看蝴蝶先生一眼。蝴蝶先生觉得十分无奈,只好飞走了。

他默默地向前飞着,这时他看到了正在开放着的番红花和雪形花。蝴蝶先生心想:这是多么美丽的花儿,可她们太过于年轻了,似乎还没有弄清楚这世上的事,我多么希望能够找到一位成熟些的女子。于是,他又继续向前飞去。

这一次他飞到了正在盛开的秋牡丹那里,或许是因为秋牡丹的花瓣太苦了,不合他的胃口,不一会儿他便又飞走了。

"我到底该飞到哪里,到底谁会成为我的恋人呢?"蝴蝶先生心中充满了疑惑。正在蝴蝶先生犹豫着该继续向哪里飞的时候,秋牡丹旁边的紫罗兰看到了他。

紫罗兰热情地说:"蝴蝶先生,很高兴见到您,您这是要飞到哪里去呢?"

蝴蝶先生回答说:"我正在寻找一位美丽的花儿小姐做我的恋人,可我不知道该去哪里寻找。"蝴蝶先生与紫罗兰聊了几句又急匆匆地飞走了。

后来,蝴蝶先生又遇到了郁

金香花、黄水仙花,还有菩提树花和苹果树花。可他对她们都不满意。

在蝴蝶先生看来,郁金香花的外表太过于华丽了,黄水仙花又太过于普通了,菩提树上开的花看起来简直太小了。对于苹果树花,蝴蝶先生也是不屑一顾的,在他看来苹果树花就像玫瑰花一样带着刺,并且只要风儿小姐一来,她们就要凋谢了。

蝴蝶先生十分无奈,只好飞到了田野中。在田野里,蝴蝶先生见到了可爱的豌豆花。蝴蝶先生认为再没有谁会比豌豆花更适合做他的恋人了。可就在蝴蝶先生准备向豌豆花求婚时,他看到了旁边豆荚上那朵已经枯萎了的花。

"她是谁?"蝴蝶先生问豌豆花。

"她是我姐姐,我们豌豆花的生命只有一季,当豌豆成熟时,便会死去。"豌豆花伤心地说。

蝴蝶惊奇地望了豌豆花一会儿,再次飞走了,他可不愿娶一个活不了多久的姑娘。

转眼间,春天过去了,夏天也结束了。现在是秋天了,花儿们完全换了一身装扮,她们穿上了在她们看来最为漂亮的衣服,可那又能怎样呢,她们已经不再像从前那样满是芬芳了,失望的蝴蝶先生只好飞到了薄荷那里,尽管薄荷没能开出十分娇艳的花朵,可她全身充满了芬芳。

蝴蝶先生满心欢喜,心想:"我多么希望她能够和我结婚啊。"于是,他鼓起勇气对薄荷小姐说:"可爱的薄荷小姐,我多么希望您能够成为我的妻子啊。"

可薄荷听了蝴蝶先生的话,却沉默了好一会儿,后来她对蝴蝶先生说:"您不是在说笑吧,您瞧,我们都到了这个年纪,为什么还要自己捉弄自己呢?结婚这件事简直太不现实了,这完完全全就是一个笑话。我倒是愿意和您做朋友,别的事我还从没有想过,您也不要多想了。"

现在已经是晚秋时节了,蝴蝶先生恐怕再也不会有机会找到合适的恋人了,看来他只能单身了。

滴答、滴答,外面已经在下雨了,风儿小姐也飞来了,她呼呼地刮了起来,柳枝在风中摇曳着身躯发出嘶嘶的声音。要是这时候仍然整天在外面乱飞,一定会被大风刮跑的,蝴蝶先生现在无法飞到花园中去了。

听说他最近飞到了一户人家的玻璃上,透过玻璃,蝴蝶先生看到了屋里面火炉中熊熊燃烧的火,蝴蝶先生心想:"这是一个多么温暖的地方,要是我能够住在这里该有多好啊。"只不过他认为仅仅拥有这一切还不够,他仍然没有忘记去寻找一朵花、一缕阳光,还有十分可贵的自由。

后来,屋里面顽皮的孩子出来了,他说:"这只蝴蝶简直太漂亮了,我多么希望每天都能够看到他,可是现在已经是晚秋时节了,或许再过不久它就会飞走了,看来我要把它捉住才行。"

于是,这个顽皮的孩子不知找来什么东西,一下子就把蝴蝶先生捉住了,并把他做成了一个标本。

蝴蝶先生安慰自己说:"现在,我就像花儿一样栖息在梗上,我也算是有了归宿。"

和爸爸、妈妈一起分享

蝴蝶一直在寻找恋人,可是他太过挑剔了,嫌弃这朵花,也嫌弃那朵花。他觉得没有一朵花能够配得上他。最后,他终究找不到恋人。

可以说蝴蝶就是由于太过挑剔,才会错过了拥有恋人的机会,以至于错失了快乐的机会。

生活中,当孩子太过挑剔的时候,我都会告诉他,如果他一直这样,将会失去许多体会快乐的机会。现在他已经在慢慢改善,变得随和许多,他可以更融洽地与其他人接触,自己也更加快乐了。

齐齐哈尔市燕翔睿妈妈　李云霞

小朋友,关于这个故事你有什么话要说,写到下面吧!

轻松一下 Game

看图猜成语

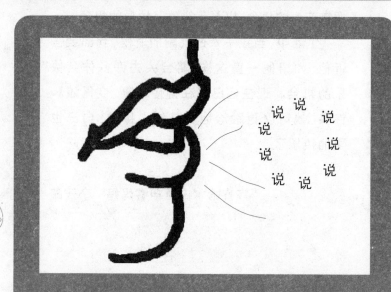

自 是 谈 弄 古 圆
今 地 其 谈 一 不
天 东 道 西 说 二

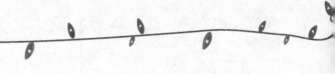
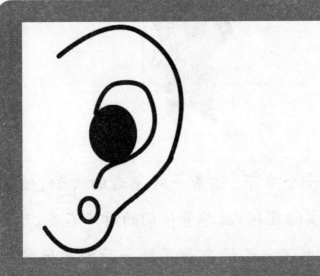

充	红	赤	闻	掩	震
头	盗	铃	濡	不	目
欲	聋	耳	接	非	面

老头子做事总不会错

在一个乡下,住着一对年老的夫妇,他们都是朴实的庄稼人。尽管他们的财产不多,可他们却喜欢用自己的东西置换一两件其他的东西。

最近,他们就有一匹马将要置换,老婆婆对老公公说:"亲爱的丈夫,您瞧,我们的这匹马,平常我们很少用到它,倒不如我们拿它换些东西回来。"

"这是一个多么不错的主意,可我们到底该拿它换些什么呢?"老公公疑惑地问。

"今天城里有集市,遇到什么便换些什么好了,您做的事总不会错的。"说着,老婆婆便把老公公送出了门。

老公公走到半路的时候,看见一位老婆婆赶着一头母牛走了过来。老公公想:"这头母牛简直太漂亮了,它一定能产很多奶。这可要比那匹马好多了。"

于是他对老婆婆说:"我想用一匹马换您的牛,您愿意跟我交换吗?"老婆婆说:"我当然愿意。"于是他们交换了彼此的东西。

老公公赶着牛走得更快了,不一会儿,他看到了一个赶羊的人。老公公走上前对赶羊的人说:"您的这只羊长得太漂亮了,我太喜欢它了,您愿意和我交换吗?"

"我真高兴您有这样的想法,我非常愿意

和您交换。"赶羊的人说。于是,老公公又用牛换回了一只羊。

走了一会儿,老公公又看见了一个胳膊底下夹着一只肥鹅的人。"您就不觉得累吗?这是多么沉重的负担!要是我的妻子见我赶着鹅回家,一定会很开心的,她是多么希望拥有一只鹅啊。"老公公对夹鹅的那个人说。

"要是这样,我非常愿意和您交换,我倒是很喜欢您的羊呢。"夹鹅的人说完,便和老公公交换了。老公公带着鹅继续向前走着。这时他已经走进了城。在路边,他看见了一只短尾巴的鸡,鸡正在咕咕地叫着。

老公公心想:"这是我一生中见过的最好的鸡了,而且鸡可以自己找吃的,养只鸡一定不会是什么麻烦的事。"

于是,他对鸡的主人说:"我非常喜欢您的鸡,您愿意和我交换吗?"

"要是那样,我就可以拥有您的鹅了,那倒

也不是什么坏事。"现在,老公公手里有一只短尾巴的鸡了。

换了鸡之后,老公公感到口渴了。这时,他在一个酒店门前停住了脚步。就在他想要走进酒店的时候,里面的一个伙计刚好迎面走来,老公公看到这个伙计背上背着整整一袋子的东西。

"喂,亲爱的朋友,可否告诉我,您背上到底背了什么东西?"老公公问。

"既然您这样好奇,那我就告诉您好了,是一袋子烂苹果,恐怕只能扔掉了。"伙计回答说。

"哦,我倒认为这是一件不错的东西,要是我的妻子见到了这样的东西,恐怕要高兴一阵子了。"老公公对伙计说。

"要是这样,我倒十分愿意为您效劳,那么您将拿出什么东西和我交换呢?"伙计问。

"我手里的这只鸡再合适不过了。"老公公

回答说。

"这真是个不错的主意!"说着,那个伙计便高兴地和老公公交换了。

这一幕刚好被两个富有的英国人看到了。他们便和老公公打赌说:"我们还从来没有见过像您这样傻的人。回到家,您的妻子一定会打您一顿。如果没有打您,我们就给您一桶金币。"

老公公却说:"我想我的妻子一定会给我一个吻的。她一定会说,老头子做事总不会错的。"说完,老公公便带着两个英国人回到了家。

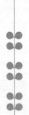

到家后,老公公对老婆婆说:"晚上好,我亲爱的妻子。"

"晚上好,我亲爱的丈夫。"老婆婆说。

"亲爱的妻子,你猜,我换回了什么东西?"老公公问。

"老头子做事总不会错的。"老婆婆说。她似乎并不在意老公公到底换回了什么东西,她和老公公紧紧相拥,几乎把在场的客人,还有那袋东西完全忘记了。

"亲爱的妻子,我用那匹马换回了一头母牛。"老公公说。

"要是那样,我们就有牛奶喝了,亲爱的丈夫,您想得简直太周到了!"老婆婆说。

"可没过多久,我便用那头母牛换了一只羊。"老公公继续说。

"哦,要是那样,我们就可以穿上羊毛做的袜子,还有睡衣了。亲爱的丈夫,您做事总不会错的。"老婆婆说。

"可我又用那只羊换了一只鹅。"老公公又说。

"您做事总不会错的,我亲爱的丈夫,再过不久就是马丁节了,到时候我们就可以吃到鹅肉了。我真是高兴!"老婆婆兴奋地说。

"可我又用那只鹅换了一只短尾巴鸡。"老公公说。

"要是那样,我们就可以吃到鸡蛋了,老头子做事总不会错的。"老婆婆依旧赞美起自己的丈夫。

"可我已经用那只鸡换烂苹果了,你瞧,这袋子里便是我换回来的烂苹果。"老公公总结道。

"我真高兴您换回来的是一袋烂苹果。亲爱的丈夫,我也要告诉你一件事,我一直在想我们晚上到底该吃些什么,在我看来用鸡蛋做成饼,再放些香菜是再合适不过了。可我找不到香菜,不得不去找邻居太太借一些,可是她太吝蒿了。当我说要借一点香菜的时候,她竟然告诉我,她家的园子里就连一个烂苹果都没有,又怎么会有香菜?现在,我倒可以借她一些烂苹果了。亲爱的丈夫,您瞧,这是多么好笑的一件事。"说完,她还给了老公公一个甜蜜的吻。

"这是多么感人的画面啊!他们换的东西一次不如一次,可他们却依旧快乐,这样的快乐似乎很难用金钱来衡量。"两个英国人望着老公公和老婆婆激动地说道。于是,他们心甘情愿地把金币给了老公公。

和爸爸、妈妈一起分享

"提问！"我说。

"回答！"天天说。

"老公公一次次都换了什么东西？"我问。

"马换牛，牛换羊，羊换鹅，鹅换鸡，鸡换烂苹果！"天天回答。

"回答正确，下一题……"我说。

每次给天天讲完故事，我都要对他进行一下知识小问答。这样既能看出他是否认真听故事，也能锻炼他的记忆能力。当然他也喜欢这种游戏方式。

下次家长们给孩子讲完故事后，也可以试着做这样的游戏，其实蛮有趣的。

深圳市周天妈妈　曹秀英

小朋友，关于这个故事你有什么话要说，写到下面吧！

_____
_____
_____
_____

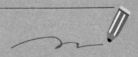

轻松一下 Game

成语中也有兄妹

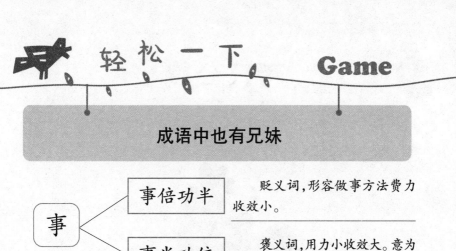

- 事
  - 事倍功半 —— 贬义词,形容做事方法费力收效小。
  - 事半功倍 —— 褒义词,用力小收效大。意为用一半功夫,而收到加倍的功效。

- 屡
  - 屡败屡战 —— 每次打败仗但还是坚持作战。
  - 屡战屡败 —— 每一次打仗都失败。

想一想还有没有类似的成语呢?

_____

_____

_____

_____

两只公鸡

在养鸡场里,有两只公鸡。一只是高高站在鸡场屋顶上的铜铸风信鸡,另一只是养鸡场的真公鸡。

真公鸡每天喔喔地叫着,带着母鸡和小鸡们挺起胸脯在院子里悠闲地散步。

再看看那只铜铸的风信鸡吧,它高昂着头,站在屋顶上一动也不动。它的眼睛非常明亮,能够把来来往往的人看得很透彻,把人间的喜怒哀乐尽收眼底。

它总是高傲地说:"那只真公鸡多可笑,除

了喔喔地叫，它又会做些什么？和我没法比。"

在养鸡场的栅栏外面有一根小黄瓜。这根小黄瓜是从垃圾堆上长出来的，可她却十分自豪地说："这世上有生命的东西那样多，我真高兴我能够成为一根黄瓜。"

小黄瓜瞧不起那只风信鸡，她说："风信鸡满身铜臭味儿，整天孤独地站在屋顶上。可真公鸡就不一样了，它有母鸡，还有小鸡们陪着。它走路的样子简直太帅了，这样看来真正的公鸡才了不起呢！如果它能把我吃进肚子，我该有多幸福呀！"

晚上，刮起了狂风，养鸡场的木栅栏被风吹倒了，瓦片和树叶四处飞扬。所有的鸡都在四处乱跑，这是因为它们还没能找到一个可以躲避大风的地方，只有风信鸡依旧昂头站在那里。

这只风信鸡的头脑可是要比那些有生命的鸡清醒多了，它遇到这些事情时才不会惊慌呢。

在它看来，燕子简直太过渺小，太过普通了，似乎很难给人留下深刻的印象；鸽子倒是很大，可它们看起来太过笨拙了，除了填饱肚皮外，它们几乎没有什么想法。

唯一让风信鸡有些好感的便是那些前来拜访的候鸟了。起初，风信鸡见了它们总是十分高兴，它们也总是说着它们所经历过的那些冒险的事。可后来风信鸡渐渐听得腻味了，风信鸡觉得那些候鸟不过是在进行着简单的重复，它们所说的那些话听起来似乎毫无新意。

这样一来，风信鸡便对这个世界厌烦透了，它感叹道："这个世界简直太无聊了。"风信鸡对这个世界的厌恶似乎只有它自己懂得，就连那根长在垃圾堆上的小黄瓜也毫不知情。

在小黄瓜看来,风信鸡是无关紧要的,似乎只有那只真公鸡的感受才值得它关心。

第二天一早,公鸡、母鸡、小鸡们来到栅栏外面找食物。它们一眼就看到了那根小黄瓜。公鸡一家都来用尖尖的嘴啄这根小黄瓜,而小黄瓜一点儿怨言都没有。

公鸡一家吃饱了,便伸长脖子欢快地叫了起来。公鸡说:"现在,我要对你们说一件奇怪的、你们从未听说过的事。我想你们一定没有见过能够生蛋的公鸡,蛋壳里到底有什么东

西，就更不可能猜得到了。"母鸡和小鸡们听了公鸡的话都表现出十分好奇的样子。

"你们听着，在蛋壳里面隐藏着一只鸡头蛇身的怪物，无论谁见了都会害怕的，不管是人类还是你们。你们一定很好奇为什么我会知道这一切，这是因为那个蛋壳就藏在我的身体里。现在你们该知道我是一只怎样的公鸡了吧。"公鸡继续说道。

母鸡和小鸡们听到公鸡的话纷纷叫了起来，他们多想让屋顶上站立的那只风信鸡也知道这一切。事实上它们所说的一切也的确被风信鸡听到了。

"这是多么无聊的一群鸡！它们的话简直太令人难以置信了！我也完全有能力生个蛋，可这个糟糕的世界并不值得我那样做，就连在这屋顶上站着我都感到厌烦了！"风信鸡不屑地说道。

于是，风信鸡打算去做一件有意义的事。它

从屋顶上跳了下来,结果它的身体就这样被折断了,从此再也做不了任何事情了。

和爸爸、妈妈一起分享

　　风信鸡总是不快乐,它看不起真公鸡、看不起燕子、看不起鸽子,也看不起候鸟。它谁都看不起,觉得现在自己所做的一切事情,都是大材小用了。

　　生活中,有许多这样的"风信鸡",他们也总是不快乐的。试问,能百分之百发挥自己能力的又有多少人,那么其他人为什么却可以生活得很自在呢?

　　一个有风信鸡这样性格的人,又怎么会快乐呢?

　　生活就是这样,它垂青积极的人,忽视消极的人。你如何对待它,它便如何回报你。你对生活抱有快乐之心,它便给你快乐的生活。

北京市于蛟洋爸爸　于立峰

小朋友,关于这个故事你有什么话要说,写到下面吧!

_____

_____

_____

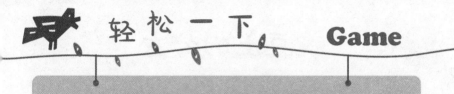

吃醋的由来

在一千多年以前的一天,唐太宗听说房玄龄的妻子不允许房玄龄纳妾,心中有些怀疑又觉得有趣,便派人给房玄龄的妻子送了一壶毒酒,对她说:"要是你不允许房玄龄纳妾,就喝下这壶毒酒吧。"

结果,房玄龄的妻子毫不犹豫地把毒酒喝了下去。不过,她并没有死。因为唐太宗所赐的毒酒,不过是一壶醋,从此"吃醋"这种说法便流传开来。

豌豆上的公主

从前有一位王子,他很想找一位真正的公主结婚。为了实现这个愿望,王子几乎走遍了世界各地,他见到了很多美丽的女孩,她们都说自己是真正的公主,可王子总是觉得她们身上有些地方不对劲,和真正的公主相差得很远。他无法实现愿望,只好失望地回到了家。

一天夜里,外面下起了暴雨,风呼呼地刮着,一道道闪电划过天边,一声声惊雷响彻云天。这时候,国王、王后和王子正在王宫里吃着晚餐,此刻的王宫在灯光的掩映下显得格外美丽。

忽然,门外响起了一阵急促的敲门声。国王、王后和王子停下了手上的动作,纷纷向门口望去。

士兵打开门,一位满身雨水的美丽姑娘开口说:"我是一位公主。您瞧,我的衣服和我的头发完全被雨水淋湿了,我可以在这里借宿一晚吗?"

王子正疑惑着是否应该相信这位姑娘的话时,王后走上前对王子说:"现在已经很晚

了,就请她进来吧,我有办法知道她是不是真正的公主!"

王后没有再多说话,她悄悄地走进卧室中,在卧室的床榻上放了一粒豌豆,然后又在上面压了二十床垫子和二十床被褥,做完这一切她便离开了。

王后心想:"但愿这个办法能帮我试探出她是否是一位真正的公主。如果她能够察觉出来,我便相信她是真正的公主,如果她什么也没有察觉到,那么她说的话便不是真的。"

过了一会儿,王后派人对

姑娘说:"床铺已经铺好了,你一定很累了,就请你早些休息吧。"

姑娘道谢之后便走进卧室休息去了。或许是因为她感觉到了床榻上那粒豌豆的存在,在床上不断地翻着身,一夜过去了,也不知道她到底睡得怎样。

第二天清晨,王后问姑娘:"亲爱的公主,你昨晚睡得怎么样?"

姑娘抱怨说:"我昨晚睡得一点儿都不舒服,床上好像有一粒很硬的东西,也不知道那东西到底是什么,竟然弄得我全身酸疼。"

听了公主的回答,王后开心极了。

王后心想:"在那粒豌豆上面,我可是放置了整整二十床垫子和二十床被褥,她竟然还察觉出来了。现在看来,她说的话完全是真的。因为只有真正的公主才会有如此娇嫩的肌肤。"

王子终于实现了他的愿望,遇到了一位真正的公主,不久,王子便和公主举行了隆重的婚礼。从此他们过上了幸福、美满的生活！

这样说来，豌豆反而成了他们的媒人，要是我没有记错的话，那粒豌豆恐怕现在还被收藏在博物馆中。

和爸爸、妈妈一起分享

"王子和公主终于在一起了!"听完故事,玥玥松了一口气,笑着对我说。

"是的,王子终于娶到了他梦想的新娘,他们会开心快乐地生活在一起。"我继续告诉她,"努力实现自己的目标就会快乐,就像王子一样。你呢?有什么目标?也是嫁给一位王子吗?"

"才不是,我要当女董事长,女CEO!"玥玥骄傲地说。

我夸她真是一个有志向的女孩子,在追寻梦想的路上,亲爱的女儿,你也要开心快乐!

天津市任玥妈妈　张立坤

小朋友,关于这个故事你有什么话要说,写到下面吧!

_____
_____
_____
_____

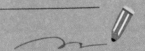

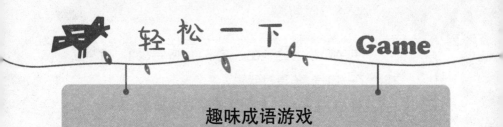

趣味成语游戏

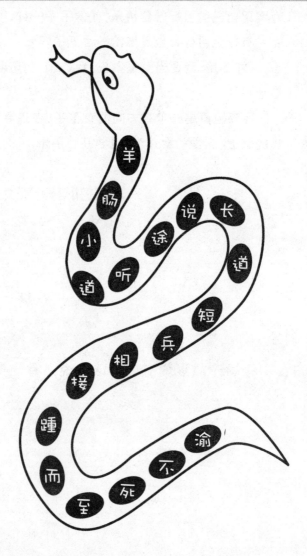

说一段话,话中必须包括下面所列举的成语,注意一定要用词准确哦。

第一组:万里无云　专心致志　健步如飞
例句:今天阳光明媚、万里无云,这样的天气使得我无法专心致志地写作业,真想健步如飞地跑出去玩个痛快。

第二组:博学多才　目瞪口呆　五体投地

第三组:春暖花开　万物复苏　五颜六色

第四组:义愤填膺　逍遥法外　斗智斗勇

陀螺和皮球

　　一个陀螺和一个皮球共同生活在他们主人的一个抽屉里。陀螺对皮球说:"您愿意和我成为一对恋人吗?"皮球对陀螺不屑一顾。皮球是用鞣皮缝制成的,她骄傲得完全不把陀螺放在眼里。

　　又过了一天,他们的主人——一个年龄很小的女孩来了。她给陀螺涂上了颜色,这颜色是红黄相间的,同时小女孩还把一颗铜钉钉在了陀螺身上,现在陀螺已经可以旋转起来了,并且陀螺旋转起来的样子看起来十分漂亮。

陀螺再一次向皮球求婚了,他说:"球儿小姐,您瞧,我现在看起来多么漂亮,您能一下子跳得很高,而我也能翩翩起舞了。我们在一起再合适不过了,要是我们在一起,这世上恐怕不会有谁会比我们更幸福了。"

可皮球却说:"我真是不明白,您怎么会有这样的想法,或许您还没有听说过,我的爸爸和妈妈被做成了一双鞣皮拖鞋,我的心是一块软木。"

陀螺说:"这个我完全知道,我的心也是由一块软木做成的,不过是一块桃花心木,并且是被市长亲手加工而成的。市长拥有一个崭新的车床,当他把我做出来时别提有多开心了。"

"这会是真的吗?"皮球问。

陀螺回答说:"要是我欺骗了您,那么就让我们的主人远离我好了。"

皮球依然没有动心,她讽刺陀螺说:"您可真会为自己开脱,尽管如此,我还是不能同意,因为我已经和一个燕子订了一半的婚,不过我一定会记得您的。"从此,他们再也没有说过话。

一天,小女孩拿着皮球和陀螺出来玩,他刚一松手,皮球便飞到了空中,不过幸运的是,只一会儿工夫皮球便从空中回到了地面上,后来皮球又一次一次飞到空中,不过等到皮球第九次飞到空中的时候就没有那么幸运了,这次她再也没有回来。小女孩找了半天,却仍然不见皮球的踪影。

陀螺心想:"那皮球一定是去燕子的窝里和燕子结婚了。"因为见不到皮球,陀螺对皮球的思念更深了,他比从前更喜欢那只皮球了。

令他感到费解的是:那只骄傲的皮球为什么要选择燕子做她的恋人?那只燕子,到底是哪里吸引了那只骄傲的皮球?

皮球不在的日子里,陀螺依旧在旋转着,不过他心里一直没有忘记那只骄傲的皮球,他总认为皮球一定比从前更加美丽了。

转眼间,几年过去了,陀螺不再像之前那样想念皮球,他和皮球之间的一切成了过去。

这时候陀螺有些老了,可那个女孩子却对他更加喜爱了。他给陀螺穿上了一件漂亮的金色的衣服,每天仍然和他玩耍。陀螺开心极了,也骄傲极了!这件金衣服是主人把他打扮得最漂亮的一次了。他蹦啊,跳啊,或许是因为跳得有些高了,他居然跳到了垃圾桶里。

陀螺心想:"这是一个多么肮脏的地方,我

的这身金色衣服就要被弄脏了！"就在他伤心难过的时候，猛然间回头，看到了像烂苹果一样的怪东西。

"这个东西看起来多像烂苹果呀！它到底是什么？"当陀螺疑惑的时候，那个像烂苹果一样的怪东西开始说话了，她说："感谢上帝，让我遇到了你，我多么希望能够找到一个陪我说说话的伙伴。"

她边说边看着那个金陀螺。"我可是完完全全用鞣皮做成的,是一个美丽的姑娘用一针一线把我缝出来的,并且她还在我身体中放了一块软木,可是却没有人能够看出来。当我满心欢喜地要和燕子结婚时,却落到了一个屋顶上,在屋顶上有一个十分讨厌的水笕,那里除了水几乎没有什么别的东西。这个讨厌的水笕不仅让我全身湿得像落汤鸡一样,还让我全身长满了皱纹,看起来就好像一个烂苹果。我在那里待了足有五年,不知看了多少个日出日落,那段时间真是难熬,真是让人感到害怕。"

"哦!天哪!原来她不是什么烂苹果,她就是当年那只漂亮的皮球,不过现在她已经变成一只老球了!"陀螺感叹道。

可他什么也没有说,就好似什么也没有听到。就在这时,陀螺的主人——一个美丽的姑娘朝着垃圾桶走来,她看到了金色陀螺,喃喃地说:"哎哟,我终于找到你了。"姑娘一边说,一边将金陀螺捡了起来，并把它送回了屋子。现在，金陀螺又像从前那样漂亮了，他的主人比从前更加喜欢它了。他依旧在快乐地跳着舞，再看看那只皮球吧，恐怕不会有人知道她后来到底怎样了，去了哪里。

　　那只金陀螺再也不会想念她了，因为她身上长满了皱纹，她看起来太像烂苹果了。当她掉到了屋顶上，被水淹没的时候，那所谓的爱情也就彻底与她无缘了，人们也就完全把她忘记了。

和爸爸、妈妈一起分享

　　曾经有一份幸福摆在皮球面前,皮球却没有珍惜,不知满脸褶皱的她可曾追悔莫及。

　　这个故事对我触动很大,读完这个故事后,我对孩子说:"你要珍惜幸福呀!珍惜眼前的幸福。"

　　孩子问我眼前的幸福是什么?我告诉他,可口的食物、温暖的衣裳、家人的关爱、积累的知识等,这些都是幸福的事情。

　　孩子听后说:"那我不是有很多幸福,我简直就是被幸福围绕着。"

　　是的,孩子,你的生活很幸福,请珍惜这份幸福。

南京市李香煜妈妈　李富秋

小朋友,关于这个故事你有什么话要说,写到下面吧!

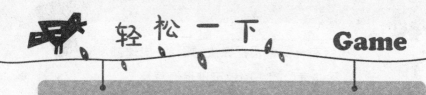

猜字谜

左边一撇,右边一捺,
一横居中央,口字在下方。

( )

十字架下走来两个人,
撇在左,捺在右。
人来左边凑热闹。

( )

大字头上加横折,
左边竖心陪伴我。
要想知道我是谁?
提高速度就有我。

( )

答案:吞 夹 快

有趣的汉字

根据下面的文字描述，在空格中填写正确的字。

____ 对草说：朋友，你就那么怕热吗？整天戴个草帽。

____ 对胆说：月亮就那么迷人吗？你整天都离不开她。

____ 对帽说：你就那么怕冷吗？整天戴着一条围巾。

____ 对泡说：你整天待在水里就不腻味吗？

____ 对徒说：你是害怕孤单吗？走路时非要拽着两个人。

小意达的花儿

有一个美丽的女孩叫小意达。小意达的花儿枯萎了,她很难过。她的好朋友安慰她说:"花儿们是因为跳舞跳累了,所以才会把头垂下来。"

小意达惊奇地问:"你说的可是真的?这听起来真是有趣极了,不过它们又会在哪里跳舞呢?我多么希望看到花儿们美丽的舞姿啊!"

"当然是真的,舞会并非是我们人类的特权,花儿们会经常举办舞会,它们的舞会可一点也不比我们人类的差。在城门之外有一座看起来十分漂亮的宫殿,在宫殿外面有一个看起来十分美丽的花园,那里开满了各种各样的鲜花,在距离花园不远的地方有一片湖,天鹅们经常在湖面上游玩,当你把面包屑洒在湖面上的时候,美丽的天鹅便会向你游来,花儿们就是在那里举办舞会的。"她的朋友好似真的看到了花儿们举办的舞会。

"这样说来,花儿们的舞会一定十分有趣了,那么我也可以去参加吗?"小意达问。

她的朋友回答说:"当然了,花儿们从来不会把前来参加舞会的人们挡在外面,要是你想要参加舞会就得晚些入睡了,花儿们一般会在很晚才开始举办舞会。"

小意达想:"原来花儿是因为太过于劳累才垂下了头。"

于是小意达让花儿睡到了玩具苏菲亚的床上。夜里,小意达发现各种花儿在地板上跳着舞,形成一条长长的舞链,真是美极了!

　　月光透过窗子洒到地板上,整个房间在月光的掩映下变得格外美丽,同时房间中响起的轻柔音乐似乎要把花儿们带入仙境之中去,花儿们不禁有些沉醉了。

　　它们的叶子在这时候紧紧相连,它们扭动着纤细的腰肢,舞动着轻盈的身躯。前来参加舞会的花儿有风信子、番红花等。看!一朵黄百合花正坐在钢琴旁为花儿们弹奏着美妙、动听的音乐,它看起来像极了一位高贵的小姐,此刻别提有多美丽了。

　　或许是因为花儿们跳舞的场景太过于美丽了,小意达被它们深深吸引住了,她从床上爬了起来,走到一旁静静地观看起来。

当花儿们跳完舞,累了的时候,它们互相道了晚安就去休息了。小意达也赶紧上床去睡觉了。小意达暗暗地想:"现在我终于见到花儿们跳舞了,花儿们的舞姿看起来真是太优美了。"

第二天早上,小意达急忙跑到床边,想看看那些心爱的花儿们到底怎么样了,这时她发现花儿们依旧待在那里,只是它们更加枯萎了。

小意达取出一个盒子,把花儿都装了进去。小意达说:"这个盒子即将成为你们的家,美丽的花儿们,你们就在这里安息吧,我会把你们好好地埋葬,就让我们明年再相会吧。"

不久,小意达的两个表兄背着两把漂亮的

弓来到了小意达的家,他们看起来十分活泼。

"你们瞧,这就是我的花了。从前它们是那样的美丽,不过现在它们却枯萎了,或许是因为它们跳了太多场舞了,它们真的很累了。"小意达伤心地说。

两个表兄吃惊地说:"花儿们会跳舞,我们还是第一次听说呢,花儿们的舞姿看起来一定很美吧。"

"花儿们跳起舞来,的确很美,就让我给你

们讲一些花儿们跳舞的故事吧。"小意达又沉浸到美丽的回忆当中。

不知过了多久,小意达才将整个故事讲完,两个表兄说:"你讲得真是动人,可是现在它们已经完全枯萎了,就让我们为它们举行一场葬礼,让它们安息吧。"

于是,他们一起为花儿举行了葬礼。小意达先吻了吻那些花儿,然后把它们连同盒子一起埋进了土里。

和爸爸、妈妈一起分享

"花儿们的舞蹈美丽吗？"我看完故事后问女儿。

女儿像小大人一样地说："从故事里看，当然很美丽啦。不过，我昨天就读过这个故事了，我也学着小意达的样子，把花儿放在床边的芭比娃娃床上，可是我却没有看到花儿跳舞。它们为什么不在我面前跳舞呢？"

"也许昨天不是它们开舞会的日子。"我说。

"我才不信。这都是骗小孩子的故事，我可是大人了！"女儿说。

"看，杜鹃花在跳舞呢。"我指着花坛说，女儿马上转头去看。还说不信，真是个嘴硬的小大人。

哈尔滨市陈润熙妈妈　李玉静

小朋友，关于这个故事你有什么话要说，写到下面吧！

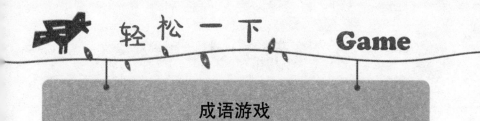

成语游戏

请你仔细观察，然后在空格中填写正确的字。

	迷	心	窍
	器	晚	成
	焰	嚣	张
	心	大	意

	黄	肌	瘦
	不	识	丁
	字	千	金
	陈	代	谢

	一	不	二
	言	两	语
	听	途	说
	面	楚	歌

	苦	功	高
	不	聊	生
	风	败	俗
	大	气	粗

卖火柴的小女孩

在新年到来之前的最后一个晚上,像鹅毛一般的雪花从天空中簌簌地飘落下来。北风呼呼地刮着,发出声声怒吼,似乎要把人们吞噬了,外面简直比冰窖还冷。

新年就要到来了,人们对新年的到来充满了期待,几乎所有的人都在为新年的到来精心准备着。一个披着美丽的金色长发的女孩却不得不光着脚在街上喊着:"卖火柴,卖火柴啦!"

她是一个穷苦人家的孩子,几乎每天都要忍受着饥饿和寒冷的折磨,外面这样寒冷,她却连一双鞋子都没有。

风声很大,几乎要把小女孩微弱的声音淹没了,可小女孩仍然在不停地叫卖着。小女孩暗暗地想:"我真害怕回到家,已经过去了一整天,可我连一盒火柴都没有卖出去,爸爸一定会骂我的。我家的墙壁已经裂开了,风儿完全可以从裂缝中钻进屋来,家里也并不温暖啊。"

小女孩的手和脚几乎被冻僵了,除了火柴,她再没有任何其他东西。天已经很晚了,她还什么东西都没有吃呢。走着走着,小女孩透过窗子看到有一家人正在开心地吃着晚餐,她不由得想起了自己的奶奶,她的奶奶已经去天国很多年了,想到这里,她伤心地哭了起来。

小女孩已经被冻得浑身发抖了,她多么希望能够让自己变得温暖一些。于是,她在一个角落里坐了下来,划燃了几根火柴。小女孩想烤一烤自己冰冷的小手和小脚。

在火光中,小女孩看到了一间令人感到温暖的屋子,屋子里面有一个很大的火炉,炉火烧得很旺,自己正坐在火炉前温暖着冰冷的身体。就在小女孩想让火炉离自己近一些的时候,火柴熄灭了,她什么也看不到了,手里只剩下一根被烧得有些发黑的火柴梗。

火柴熄灭后,寒冷再次向小女孩袭来,于是,她又划燃了几根火柴。在火光中,她看到了一桌子丰盛的晚餐,有面包、香槟酒,还有烤鹅。烤鹅似乎感受到了小女孩的饥饿,

它从桌子上跳了下来,就要来到小女孩身边了,然而,就在女孩想吃一口烤鹅的时候,火柴又熄灭了。小女孩手里又只剩下几根光秃秃的火柴梗。

风儿刮得更厉害了。为了让自己感觉到一丝温暖,一丝希望,小女孩只好再一次划燃了火柴,现在她看到了一棵美丽的圣诞树,树上挂满了蜡烛,蜡烛被点燃了,发出明亮的光。后来,这些蜡烛居然跑到了天上,变成了许多颗星星,忽然有一颗星星从天上掉了下来。

"或许我就要像奶奶一样到天国去了。"小女孩暗暗地想。奶奶曾经对女孩说过:"每当星星从天空中掉下来的时候,就有一个人要到天国去了。"

这一次,小女孩把所有的火柴都划燃了,火柴发出十分明亮的光,在火光中小女孩看到了自己的奶奶,奶奶依旧是那样慈祥,她把小女孩紧紧地搂在怀里。

小女孩的脸上不禁荡起了一丝笑意,小女孩说:"亲爱的奶奶,我多么想和您在一起,请您快些带我离开这个地方吧,我再也不愿忍受饥饿和寒冷的折磨了。"没过多久,小女孩便闭上了眼睛,在新年的祝福声中,随着奶奶走了。

新一天的太阳升起来了,外面已不再寒冷,过往的行人看到一个可怜的小女孩披着一头美丽的金发,脸被冻得通红,就好似红苹果一般,光着一双小脚,手里紧紧地攥着一把燃烧过的

火柴梗。

小女孩已经死了,不过她的脸上是带着微笑的,看来她是快乐地离开了人间,辛福地飞向了天堂。

"她一定是感觉到了寒冷,想温暖一下自己冰冷的身体。"看到小女孩的尸体,人们纷纷议论着。恐怕不会有人知道她曾度过了一个怎样的夜晚,更不会有人知道她曾做了一个怎样的梦。

和爸爸、妈妈一起分享

小女孩的生活是那么艰苦，可是在她升上天堂之前，终究感受到了一丝丝幸福，即使那是幻觉，但它依然能给人些许安慰。

我的女儿两年前从电视上看到了贫困地区儿童的生活，她就下定决心要帮助他们。她把每个月的零花钱省下一些，攒够一百元，就要邮寄到贫困山区她资助的孩子那里。

最近那个孩子也要上学了，她很开心，还把自己的学习资料寄给了那个孩子。

对于如此善良的女儿，我心中真是充满自豪。

大连市张诗婷爸爸　　张树春

小朋友，关于这个故事你有什么话要说，写到下面吧！

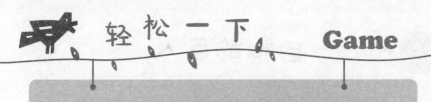

快乐诗词知多少

你会读下面这首诗吗?

《清平乐·村居》

(宋)辛弃疾

茅檐低小,溪上青青草。醉里吴音相媚好,白发谁家翁媪。

大儿锄豆溪东,中儿正织鸡笼。最喜小儿亡赖,溪头卧剥莲蓬。

自私的巨人

从前,有一个巨人,他有一座十分美丽的花园。不过现在巨人并不在家,他已经出门旅行整整七年了。孩子们十分喜爱这座花园,每天放学后都会来到花园中玩耍。

在花园里到处可见绿油油的青草,各种各样盛开的鲜花。这些鲜花在草丛中若隐若现,就好似天上的星星在眨着眼睛一般。不过最为美丽的当属草地上那十二棵高大的桃树了。

春天来了,桃花开了,有的是淡红色的,也有的是珍珠色的。

秋天来了,桃树枝上挂满了果实。鸟儿对桃树的喜爱可是一点儿也不比那些孩子少。它们常常飞到桃树枝上唱着悦耳动听的歌,使整个花园变得十分热闹。

"感谢上帝,给了我们一个这样美好的地方,让我们在这里快乐地玩耍。"一个孩子对他的伙伴说。

转眼间又是一年的夏天,这时候巨人回来了。望着花园里的孩子们,巨人粗暴地说道:"这花园是我一个人的,到底是谁让你们进来的?"说着便把孩子们都赶了出去,并筑起了高墙,这样孩子们便不能再进入花园中玩耍了。

望着美丽的花园,孩子们心中充满了无奈,他们不得不来到街上

玩耍。可是街上并不像花园中那样美丽，街上的尘土总是在空中飞舞着，地上的石头也很坚硬，走起路来难免会觉得有些不舒服，孩子们十分不喜欢在街上玩耍。

他们总是会说："从前，那美丽的花园给了我们太多的快乐，可现在却与我们无关了。"

秋去冬来，冬走春至，鲜花的芬芳弥漫了大地，鸟儿在树枝上尽情地唱着悦耳动听的歌。可是巨人的花园里依然是冬天，巨人为此很郁闷。

可就在不久前的一个早晨，巨人的花园里突然迎来了春天。这天早晨，巨人刚从睡梦中醒来，便听到一阵动听的歌声。

巨人心想："我已经很久没有听到这样美妙的歌声了，到底是谁在唱歌？"巨人禁不住好奇，向外面走去。歌声离巨人越来越近了，巨人走着走着，便停住了脚步，这时他才发现唱歌的并不是乐队，而是他花园里的一只小鸟。

不过，最让巨人吃惊的一幕还要说是孩子们从墙洞钻进了花园。

几乎每棵树上都有一个孩子，只有一个小男孩仍然站在树下，或许是因为树太高了，他根本爬不上去。巨人此刻竟然有些着急了，他温柔地抱起孩子，把他轻轻地放在了树枝上。瞬间树上开满了白花，真是美丽极了。小男孩亲吻了巨人的脸庞，巨人的心灵被感化了。

随后，巨人推倒了围墙，和孩子们高兴地玩耍起来。几乎

一整天,巨人都在花园中和孩子们玩耍,天渐渐地黑了下来,孩子们纷纷走上前来和巨人告别。巨人疑惑地问:"我记得我曾把一个小男孩亲手放到树枝上,你们知道他去哪里了吗?"

"那个小男孩,我们也不知道他到底去了哪里。"孩子们回答说。

"我多么希望他明天还能来我的花园中玩耍,要是你们见到他,请帮我转告他。"巨人说。

"那个孩子,我们也是第一次遇到呢。"孩子们说。

巨人听到孩子们的话,心中不禁有些难过。后来,巨人依旧和孩子们在花园中玩耍,只是巨人曾亲手抱到树枝上的那个小男孩不知去了哪里,巨人已经很久没有见过他了。

很多年过去了,巨人已经不再年轻,他已经不能陪孩子们玩耍了。不过他依然十分喜欢他的花园,在他看来最美丽的并不是那些盛开的鲜花,而是一个个孩子。

尽管现在是冬天,可巨人并没有感到失望,因为他知道,花儿不过是累了需要休息,第二年一定会准时盛开。

一个早晨,就在巨人向花园中放眼望去的时候,他发现在他的花园中有一棵树上开满了白花,树枝是金色的,枝上挂满了银色的果实,巨人又想起了那个站在树下的小男孩。

这回他真真切切地看到了小男孩,于是他不顾一切地从屋里跑了出来,飞奔到那个孩子面前。当他看到孩子的手上和脚上有些许伤痕时,一下子就愤怒了。他大声喊道:"到底是谁伤害了你?"

小男孩回答说:"这伤痕源于一份爱。难道您不记得我了吗?很久以前的一天,您亲手把我抱到树枝上,这伤痕便是那时留下的,感谢您带给了我快乐,现在我想邀请您到我的花园中坐坐,那里便是美丽的天堂。"或许你们应该猜出那个小男孩是谁了。

后来，巨人静静地躺在了那棵树下，身上铺满了白花。当孩子们跑进花园想和巨人玩耍的时候，才发现巨人已经死去，他们知道巨人去了天堂，那里也有美丽的鲜花、动听的音乐，还有天使的陪伴，在那里，巨人不会孤独寂寞。

和爸爸、妈妈一起分享

孩子们把春天带到了沉寂的花园,花园中的美景如此让人赏心悦目,使人快乐。可以说这些孩子们就是快乐的使者,快乐的源泉。

生活中也同样,我的孩子是我快乐的源泉。每次听到他的奇思妙语,我都很快乐;每次看到他学会一项新技能,我都觉得自豪;每次感受到他的爱,我都会感到无比温暖。

想来,其他家长会与我有同样的感受吧。

每当我感受到孩子带给我的快乐时,我都会毫无保留地告诉他,告诉他父母对他的爱,谁说中国父母不会表达爱呢?我就会。

青岛市邹志豪爸爸　邹世山

小朋友,关于这个故事你有什么话要说,写到下面吧!

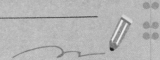

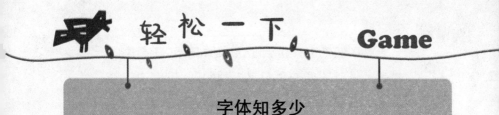

字体知多少

细心的你会发现,文字有许多风格或者样式,我们把文字的风格、样式叫作字体,字体是人们设计出来的。文字的字体有很多,常见的有宋体、楷体、草书、隶书和行书。

宋体

宋体,是在宋代兴起的,然而到了明代才正式被命名为宋体,宋体是印刷行业应用得最为广泛的一种字体。

楷体

对于楷体大家都很熟悉,我们写的钢笔字就是楷体,它的特点是字形方正,笔画平直。楷体可谓是字体的楷模,因此而得名。

草书

草书,根据它的名字我们就会想到潦草,的确,草书具有潦草、写字快的特点。不过你可不要以此作为写字不认真的理由哦!

隶书

隶书与其他字体相比要庄重得多了，它的特点是略微宽扁，横画长而直画短，呈长方形。隶书是非常有讲究的字体。这种字体在汉代达到顶峰，所以书法家们称"汉隶唐楷"。

行书

行书是在隶书的基础上发展起来的，它是介于草书与楷体之间的一种字体，既不像草书那样潦草，也不像楷体那样端正。

说一说，它们都是什么字体。

大 小 粗 细 长 短 （　　）

大 小 粗 细 长 短 （　　）

大 小 粗 细 长 短 （　　）

大 小 粗 细 长 短 （　　）

大 小 粗 细 长 短 （　　）

特殊的"十二位旅客"

叮咚叮咚……您听,远处的教堂中传来了敲钟的声音,足足敲了十二下,原来今天是一年一度的除夕。这时候,城里的人们正忙着庆祝,您瞧,他们正喝着香槟酒,互送着祝福。

可哨兵却没有休息,他们依旧在把守着城门。忽然,一辆马车在城门口停了下来。马车里坐着十二个人,他们带着足以证明身份的护照,还有极为沉重的行李。

车门打开,一月先生穿着笔挺的西装和锃亮的皮鞋走下车来。"早上好!"他对守城的哨兵说。

"您是谁?"哨兵问。

"拜托您看下我的护照吧!"一月先生说。

"哦,原来您就是一月先生,很高兴见到您。"哨兵说。

"我非常高兴来到这里,愿我的到来能给人们带来希望,愿人们能喜欢我所带来的礼物。"一月先生喃喃地说。

随后,快乐的二月先生也从车里走了出来。

"您又是谁?"哨兵问。

"我的名字叫二月,愿我的到来能给人们带来快乐,我将给人们变出最为精彩的魔术。"二

月先生回答说。

接着从车上下来一位趾高气扬的三月先生。这位三月先生不顾一切地快步走着,在他的帽檐上别着一束看起来十分漂亮的紫罗兰花,他骄傲地说:"就让我来告诉人们明天将会是什么天气吧!哈哈。"

就在三月先生沉浸在喜悦中时,有人在后面大喊着:"三月先生,难道您没有闻到美酒的味道吗,我可是很早就闻到了。"

"原来是您,亲爱的四月先生,您可是最爱捉弄人了。"三月先生停住脚步,望着四月先生说。

就在这时,五月小姐优雅地下了车,她把自己打扮得十分美丽:头上戴着一朵十分漂亮的牡丹花,身上穿着一件淡绿色的长袍,散发出淡淡的香气,空气中都充满了她的芬芳气息。

她的后面是美丽的六月太太。尽管六月太太有属于自己的车,可为了不让别人觉得她是一个十分高傲的人,她并没有单独行动,而是带着她的弟弟七月先生和大家乘坐同一辆车前来。

这位七月先生的年纪还很轻,他十分喜欢用游泳这种方式来消暑,这次旅行他只带了游泳时所要穿着的泳帽和泳裤。

现在泼辣的水果批发商八月太太出场了。这位八月太太一出场便带来了各种各样的水果。尽管这位八月太太的身材一点也不苗条,可她对人们却是十分热情的。

接着走出来一个男子,他是画家及色彩专

家九月先生。要是他高兴,树上的叶子随时都会被涂上他所喜欢的颜色,当你看到树叶变成了绿色、金黄色又或是棕色的时候,那便是他心情变幻后渲染的美丽。

他总是能以最快的速度把一项工作完成,并且他十分喜欢吹口哨。他吹口哨时的样子简直太像一种名字叫作燕八哥的鸟了。对于审美,他有着自己独特的见解,他非常喜欢在啤酒杯上缠上紫绿色的啤酒花。

在他后面走下车来的是十月先生,这位十月先生似乎很关心人们的生活,他十分在意人们是否在土地上辛勤地劳作,一年中人们收获了多少粮食。

对于打猎这样的娱乐活动,他丝毫不感兴趣。这次旅行,他带了很多东西,其中就有可以用来耕地的犁。现在,他正和人们说着关于土地的一切,可人们很难听到他到底在说些什么,这是因为他身边站着一个患了重感冒的病人。

这个人便是十一月先生,他在一旁不停地咳嗽着。

尽管十一月先生已经生了病,可他并没有停止工作,他仍然拖着疲倦的身体坚持着砍柴,还说很快就会好起来。现在,他正忙着为一种冰鞋做鞋底,在他看来,再过一段时间这种鞋子便要派上用场了。

最后一位客人也下车了,她是十二月花盆老妈妈。她看起来就好似一个冰人,但从她眼中反射出的光芒十分明亮,就好像天上的两颗星星。她手里拿着一个花盆,花盆中有一株小枫树正在生长着。

她说:"我要保护这棵小树不受严寒的侵袭,这样一来它便可以在圣诞节到来之前长高了。要是那样,我会在树上挂一些小玩意,那些可爱的孩子们便可以围着它跳舞了,我期待着这一天的到来。"

十二位客人都下了车,大家说笑着一起来

到了城门口,想一起走进城去。

就在这时,值班的士兵拦住了他们,哨兵说:"现在只能允许一个人走进去,等前面的人出来,下一位才可以进城。"

"那好吧!"一月先生说。说完,他便微笑着告别了朋友们,走进城去……

和爸爸、妈妈一起分享

"十二位旅客原来就是十二个月份呀!"文文听完故事开心地说。我夸奖他说得完全正确。

"故事的最后,如果十二个月份都进了城,那会是多么奇妙的景象呀!"文文思考着说。

"那城里的天气就会是一会儿下雪,一会儿下雨,一会儿炎热,一会儿干旱。"我说。

"那可不好,这样的天气,人们肯定会住得不舒服。住得不舒服,人们就不会快乐了,那还是不要十二个月份一起进城的好!"文文说。

我告诉她,这就是我们要了解、遵守自然规律的原因,这样我们才会生活得更加舒适。

青岛市郑舒文妈妈　李晴晴

小朋友,关于这个故事你有什么话要说,写到下面吧!

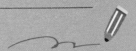

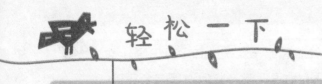

汉译英连线

★ 请你把它们与对应的英语连起来。

一月	April
二月	February
三月	August
四月	March
五月	June
六月	October
七月	December
八月	November
九月	July
十月	September
十一月	May
十二月	January

★十二生肖排顺序：

1狗2龙3蛇4猪5虎6鸡7羊8鼠9牛10兔11马12猴＿＿＿＿＿＿＿＿＿＿。

★十二星座排座次

白羊座、＿＿＿＿＿＿、双子座、巨蟹座、＿＿＿＿＿＿、处女座、天秤座、天蝎座、射手座、＿＿＿＿＿＿、水瓶座、＿＿＿＿＿＿。

★红楼梦中"金陵十二钗"都有谁呢？请补充完整。

林黛玉、薛宝钗、贾元春、贾探春、史湘云、＿＿＿＿、＿＿＿＿、＿＿＿＿、＿＿＿＿、＿＿＿＿、＿＿＿＿、＿＿＿＿。

枞 树

森林里长着一株小枞树。他每天都呼吸着森林中最为新鲜的空气,沐浴着森林中最为温暖的阳光,并且他一点也不孤单,松树和其他的枞树总是在一旁陪伴着他。可他却整天抱怨自己长得不够快。

那些顽皮的孩子对他说:"喂,朋友,你是一株多么可爱的小树,我们喜欢你。"可这些话,也无法让他快乐起来。

他总是说:"我长得简直太慢了,要是我能够长成一株参天大树,该有多好。要是那样,那些鸟儿就可以飞到我的枝上筑巢啦。"

他几乎对森林中的一切都不感兴趣。现在森林正值冬天,一只兔子在他身上快乐地跳跃着,可他却没有因为小兔子的到来而感到高兴。他总是期待着自己能够快些长大、快些长高,然后慢慢变老。

忽然,森林中响起了一阵伐木声,小枞树好奇地问道:"他们到底去了哪里?他们离开森林后过得怎样?"

鹳鸟说:"我曾看到一些离开森林中的树被做成了船上的桅杆,他们好像正在大海中航行。"

"要是那样,他们一定很快乐吧,我多么希望过上那样的日子。"小枞树心想。

可太阳却说:"你还年轻,你有着十分顽强的生命力,难道你不为拥有这一切而感到快乐吗?"

风儿抚摸着他的身躯,露珠滋润着他的身

体,可他却一点也感觉不到高兴,他总是盼望着能够早些离开森林。

圣诞节到来了,森林中再次响起了一阵伐木声,许多很年轻的树被带到城里去了。

枞树好奇地问:"他们到底去了哪里,过得怎样?"

麻雀说:"我看到他们被带到了一间美丽的屋子,人们给他们挂上各种各样的饰品,孩子们围着他们快乐地跳着舞。"

"那么他们会一直被放在屋子中吗?"枞树

又问。

"后来的事,我们也无从知晓了,不过当孩子们围着那些树跳舞时,那样的情景看起来真美。"麻雀羡慕地说。

枞树多么希望麻雀所说的一切能够发生在他身上。因此枞树就更不愿意在森林中生活了。

第二年圣诞节到来的时候,这株小枞树已经长得很大了。于是,他第一个被人们砍倒了,当它倒下、浑身上下开始疼痛的时候,它才明白离开自己生活了多年的地方,离开了自己的朋友是多么痛苦的一件事。

就在他昏昏沉沉的时候,人们把他装上了车子。车子发动了,枞树距离森林越来越远了。当人们把他从车上卸下来的时候,他才渐渐地清醒了。

这时,他被两个仆人带到了城里的房子中,放在了地毯的中央。仆人和小姐们都来打扮他。他们给他戴上最为漂亮的饰品,其中有金色的苹果,看起来亮晶晶的星星,还有各种各样的糖果以及蜡烛,这样一打扮,枞树就变得十分漂亮了。

不一会儿,孩子们围着枞树跳起了舞。他们玩够之后,把枞树拖出屋子放在一个黑暗的角落里,一连几天都没有人理会他。枞树伤心极了。

过了好久,一只小老鼠来到枞树身边说:

"可否告诉我,你来自哪里?你所知道的世界上最美的地方是哪里?最有趣的事情是什么?"

于是,枞树讲了一些关于它少年时代的故事。小老鼠听完故事感叹道:"从前,你在森林中过得简直太幸福了。"

"你是在说我吗?"枞树问。他仔细地回想了一番自己所说过的话,心想:"那段日子我过得的确很快乐。"随后,枞树又说了一些他在圣诞节期间所经历的事情,他说:"当人们把饰品挂在我身上的时候,我变得很漂亮,心情也很好。"

"原来,你还经历过这样快乐的事!你讲的故事简直太动人了!"小老鼠高兴地说。

转眼间到了第二天,这天夜晚,小老鼠把他的同伴带来了,他们一起听枞树讲故事。枞树依然在说着他年少时在森林中度过的一些时光,说着说着,枞树的心中不免有些伤感。

他暗暗地想:"我在森林中度过的每一天

简直太美好了,不过好运一定会再来的。"于是,他开始讲起了他所听过的另外一个故事。

枞树说:"我多么希望我能够像一团泥巴那样滚下楼梯遇到公主,或许也会有一位公主在等待我的到来。"

"到底谁是泥巴,谁又是公主呢?"小老鼠们好奇地问道。

枞树只好把他所听到的故事原原本本地讲了一遍。小老鼠们说:"枞树,你讲的故事真是有趣极了!"

后来的夜晚中,前来倾听枞树讲故事的老鼠更多了,可枞树却依旧在讲着那团泥巴遇到公主的故事。于是,老鼠们渐渐对枞树所讲的故事感到厌烦,于是他们离开了枞树。

第二天,仆人们把枞树用斧头砍成了碎片扔进了烈火中。枞树深深地叹了口气:"唉!当初我应该好好享受一下生活!可此时已经后悔莫及了!"

在烈火中他不停地回忆着在森林中度过的每一天，回忆着在圣诞节期间他所度过的那段就像烟花般短暂的快乐时光。后来，他被完完全全烧成了灰烬。

和爸爸、妈妈一起分享

　　枞树在森林中的生活，是多么的快乐。他有朋友的陪伴、有阳光的照耀、有雨水的滋润，可惜枞树却认识不到这一点。

　　当枞树离开森林，来到人类家里，然后被人们遗忘，他才认识到曾经生活的美好。真是可惜呀，如果他能早点意识到自己的幸福，那么曾经在森林中生活的枞树会是多么的快乐呀！

　　枞树错过了自己的机会，我不希望我自己或者我的家人也错过感受幸福、获得快乐的机会。我总会时常告诉他们：看，我们的生活多快乐呀！有好吃的，有家人在身边，有健康的身体！

　　　　　　　　哈尔滨市李明书妈妈　万杰

小朋友，关于这个故事你有什么话要说，写到下面吧！

_____
_____
_____

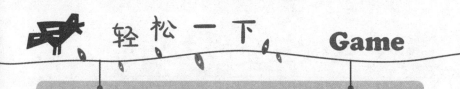

汉字连连看

把一样的字用线连接起来。

由	赢	火	燚	赢
家	戍	戊	冉	涎
再	炎	冢	甲	焱
戍	戊	冉	家	涎
冢	赢	焱	再	炎
火	燚	由	赢	甲

互敬互爱的三兄弟

从前有个人,他有三个儿子,除了他所住的那栋房子外,他几乎没有其他任何财产。

日子一天天过去,老人的年纪也越来越大了,老人想:"要是有一天我不在了,我的孩子们还会过得好吗?但愿他们不会为这唯一的财产而闹得不愉快,或许我应该想个办法来解决这个问题。"

老人思索了许久,终于想出了一个主意。一天,老人把三个儿子叫到跟前说:"我老了,这房子终究会是你们的,你们都是我的孩子,我也十分爱你们,要是你们想要这栋房子,就出去学些手艺好了,你们谁学得好,这房子便属于谁。"

老人的三个儿子说:"亲爱的父亲,您的办法简直太好了,就按您说的办吧。我们一定不会令您失望的,不过现在我们需要暂时离开您出去学习了。"说完,他们便离开家踏上了学习的旅程。

不久,兄弟三人便学成归来了,老大成了出色的铁匠,专门为国王的坐骑钉掌;老二动作敏捷,成了出色的剃头匠,专为达官贵人修面;老三则学得了一身颇为精湛的剑术。

约定的时间到了,三兄弟都准时回到了家,并向父亲讲述着各自的经历。这时,一只兔子跑过田间,剃头匠心想:"这是多么不错的一个机会,到我表现的时候了!"

于是他端着脸盆和肥皂,趁兔子不注意的时候,迅速地将肥皂泡抹在了兔子身上,只见他轻盈地挥舞了几下刀子便给兔子剃了个短胡须,兔子的皮毛并没有受到一丝一毫的伤害。"干得漂亮!"老人赞叹道,"要是你的兄弟不如你,房子就归你啦!"

不一会儿,只见一个贵族骑着马疾驰而来。铁匠说:"亲爱的父亲,这回您就看我的吧!"只见他几步就追上了马车,瞬间就给一匹正在飞驰的马换了四个崭新的马蹄铁。"不错!你一点也不比你的弟弟逊色。"老人说。

老人这回可犯难了,"我到底应该把房子给谁呢?"老人心里嘀咕着。

滴答滴答,天空中下起了雨,就在这时老三说话了:"亲爱的父亲,该让我表现一回了。"

只见他拔出剑,不停地在头顶挥舞起来,竟

是滴水不漏,身上没有丝毫被雨水打湿的痕迹。

雨越下越大,后来竟然变成了倾盆大雨,只见他手中的剑越挥越快,身上仍然没有一丝一毫被雨滴弄湿的痕迹,仿佛待在屋子里一样。父亲见了这一幕十分吃惊地说:"你的技艺最精湛,房子就归你啦!"

两位大哥对这一结果并没有丝毫不满。由于他们三个手足情深,彼此不愿意分开,于是都住在这所房子里,凭借着各自的技艺,为人们服务,赚了很多钱,过着幸福的生活。

和爸爸、妈妈一起分享

给保保讲完故事,他大声喊道:"第三个儿子的本领简直太神奇了!他真是太厉害了,我也要学这样的本领!"

我笑着告诉他:"当然可以,不过这个本领可不好学。"我又问他:"你知道三兄弟最后和睦相处,没有因为房子而发生矛盾,都是因为老人的智慧吗?"

保保仔细想了一下,说:"确实,依据儿子们的本事做决定,真的很公平。妈妈,以后咱们家的房子,也是我和弟弟谁的本领大,就给谁吗?"

这个……以后再说好不好?

南京市王保临妈妈 关瑜

小朋友,关于这个故事你有什么话要说,写到下面吧!

_____
_____
_____
_____

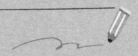

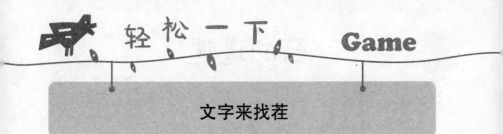

文字来找茬

难度指数 ☆☆☆☆

高_____ 造_____ 飞_____

梁梁 指诣 禽离

_____格 _____求 _____立

及乃 要耍 竖坚

难度指数 ☆☆☆☆☆

戍_____ 已_____ 孑_____

戌_____ 己_____ 孓_____

戊_____ 巳_____ 子_____

shù wù xū   yǐ sì jǐ   jié jué zǐ

蓟的遭遇

花园栅栏的外面,一个蓟丛开满了美丽的紫色花朵。一天,庄园里举行盛大的宴会,来了许多高贵的绅士和漂亮的小姐。其中有一位漂亮的小姐来自遥远的苏格兰,她不仅有着良好的出身,还十分富有。很多年轻绅士和他们的母亲都对她十分偏爱。

绅士们跑到草坪上玩起了"捶球",漂亮的小姐们则在花园中寻找着一朵可以插到年轻绅士扣眼上的花。

那位来自苏格兰的漂亮小姐也在寻找着,

她注视了花园许久,却没有找到一朵能够令她感到满意的花,她只好把目光转移到了距离花园并不遥远的栅栏外面,这时她看到在栅栏外面的一个蓟丛中盛开着十分美丽的紫色花朵,在她看来蓟丛中盛开着的花朵便是这世界上最美丽的花。

于是,她对一位年轻绅士说:"蓟是独属于我们苏格兰的花,请为我摘下她。"

"十分愿意为您效劳。"年轻绅士说。

很快,他便把蓟丛中那朵看起来最为娇艳的花摘下来,递给了她。"感谢您的帮助。"那位漂亮的苏格兰小姐说。

说完,她便将花插到了那位年轻绅士的扣眼上。年轻绅士顿时感到十分荣幸,在他看来能够戴上那位苏格兰小姐所摘的花是他莫大的荣耀,或许其他的年轻绅士也会像他这样想。

不过最为开心的还要说是盛开着花朵的蓟丛了,她想:"真是没有想到我会被人如此看重,我本应该在栅栏里面的。可我却依然处在栅栏外面,不过我的一个孩子已经被插在了一位绅士的扣眼里,这足以让我感到骄傲了。"

后来,蓟丛听说了一件十分重要的事,是关于那位漂亮的苏格兰小姐的。据说那位漂亮的苏格兰小姐已经和那位年轻的绅士结婚了。蓟为此感到十分骄傲,在她看来她完全称得上是他们的媒人,她不由得想起那朵被苏格兰小姐插在年轻绅士扣眼上的花,心想:"看来我的这个孩子在其中做了很大的贡献。"

蓟丛中其他盛开的花朵也多半知道了这件事。这样一来,蓟便认为:再过不久她们就要搬家了,她们一定会被挪到栅栏里面去。

可是，几个星期过去了，蓟还是没有被搬到栅栏里面。她依旧生活在露天的环境中，呼吸着栅栏外面新鲜的空气，沐浴着温暖的阳光。她的花朵也依然在盛开着，不久便吸引了很多蜜蜂和蝴蝶。

后来蓟的一些花儿凋谢了，可是又开出了许多新的花儿。蓟从未忘记对其他的花儿说，她们来自遥远的苏格兰，她们曾为那位漂亮的苏格兰小姐和那位年轻绅士的婚事做过贡献，她们属于栅栏里面。其他的花儿似乎从未对她的话产生过怀疑。

可是整个夏天已经过去了，秋天也即将成为过去，蓟依然处在栅栏外面，还从未有过什么人要给她们搬家。后来，她的花儿渐渐凋谢了，只剩下了最后一朵花。

一天，花园的主人（那对年轻夫妇）看到了栅栏外面那朵孤零零的蓟花，很是怜惜，便把她摘下来装在了相框里面，结果相框立刻就变得美丽了许多。

"我的最后一个孩子也被人带走了,"蓟低头沉思着:"我的第一个孩子被插在扣眼上,我的最后一个孩子被装在相框里,我已经没有什么遗憾了!"

"可是我还不知道我到底应该去哪里呢!"蓟暗暗地想。

"我想您会被一个作家写到童话故事中。"阳光回答她。

和爸爸、妈妈一起分享

蓟实现了她的愿望,她的孩子们为绅士与小姐的幸福做出了贡献,为装点年轻夫妇的画框做出了贡献。而蓟的故事,也被写成了童话,让大家都阅读到了。

仔细想来,蓟的一生都是奉献的一生,奉献出美丽的花朵,奉献出她的祝福。也正是她的奉献,才使人们更加快乐。

蓟真是伟大呀!生活中,当我们帮助别人的时候,我们也收获到了快乐和满足。

祝天下所有的孩子们,都能收获到快乐!

鸡西市初中语文老师　曹庆文

小朋友,关于这个故事你有什么话要说,写到下面吧!

_____
_____
_____
_____

轻松一下 Game

歌舞新编

歌曲能带给人快乐,请你给下面几首耳熟能详的歌曲重新填词,并且哼唱出来。

原歌曲《别看我只是一只羊》——动画片《喜洋洋与灰太狼》主题曲。

别看我只是一只 ___,___ ___ 因为我变得更香。

天空因为我变得 ___ ___,白云因为我变得 ___ ___。

别看我只是一只 ___,___ ___ 的聪明难以想象。

天再 ___,心情一样 ___ ___。

原歌曲《铠甲勇士》——动画片《铠甲勇士》主题曲。

宇宙 ____ ____，永不会 ____ ____。
相信自己的 ____ ____，总带着 ____ ____的能力。

改变，总将带来 ____ ____的惊喜。
万丈光芒照耀一个 ____ ____的天地。

善恶，就 ____ ____我们的身边。
当你遇到 ____ ____的时候，
第一想到的就是要 ____ ____到底。

要在 ____ ____打击之前，
拿出你最大的能力 ____ ____。
最后的胜利，属于 ____ ____的自己。

幸福的家庭

在一座古老的公馆附近,有一片茂密的牛蒡森林,里面住着一对年老的蜗牛夫妇。他们从一个十分遥远的地方来到这里,在他们看来森林是因为他们家族的到来才变得郁郁葱葱的,这个想法令他们感到十分骄傲。

很久以前,他们家族中的一些成员被人们送到了一个名字叫作"公馆"的地方,在那里他们将被烹调,供人们享用。

直到现在,这对年老的蜗牛夫妇也依旧认为:被送到公馆中烹调是一件十分荣耀的事。

他们一直梦想着能成为公馆餐桌上的一道美味,然而现在公馆里的人不吃蜗牛了。

蜗牛老夫妇没有孩子,只好收养了一只小蜗牛。一天,蜗牛老婆婆对蜗牛老公公说:"亲爱的丈夫,我想我们的孩子已经长大了,我们应该给他找个妻子了。"

蜗牛老公公说:"亲爱的妻子,我真高兴您能够这样想,可我们到底要去哪里寻找呢?"

"我倒觉得这并非难事,我想我可以去寻求蜻蜓的帮助,他整天飞来飞去,我想不会有谁比他的消息更灵通了。"蜗牛老婆婆说。

于是,他们把想法告诉了蜻蜓。

蜻蜓说:"我认识一位蜗牛姑娘,她住在百步之外,已经到了结婚年龄,却没有找到合适的伴侣,我想你们可以考虑一下她。"

"好啊!好啊!"老蜗牛夫妇高兴地说,"那就拜托您把她请来,我们会好好待她的!"

八天后,蜗牛姑娘从百步之遥的地方赶来,老蜗牛夫妇一见到她,便情不自禁地喜欢上了她。不久,老蜗牛夫妇便为蜗牛小少爷和蜗牛姑娘举行了婚礼。

婚后,老蜗牛夫妇把这片茂盛的牛蒡森林作为遗产送给了这对年轻的蜗牛夫妇,并留下遗嘱:牛蒡森林是世界上最好的地方,如果年轻的蜗牛夫妇要在这里繁衍生息,他们和他们的后代就应该被送进公馆里被烹调,然后盛在

银盘子里,被大人物所食,因为这是最光荣的事。

然后,老蜗牛夫妇就钻进壳里,永远没有再出来。

现在,年轻的蜗牛夫妇拥有了整座牛蒡森林,他们生养了一大堆小蜗牛,过着幸福的生活。不过,他们从来没有被烹调过,他们也不希望自己被烹调,因为他们懂得那是最痛苦地死去。

他们喜欢躲在牛蒡森林里喝下午茶,喜欢

在牛蒡叶下听雨,更喜欢在叶梗上无忧无虑地吃牛蒡叶。他们是真正的幸福的一家!

和爸爸、妈妈一起分享

"蜗牛夫妻不听老蜗牛夫妇的遗嘱,真是不孝顺,不是好孩子!"乔乔说。

我摇摇头,告诉她:"父母的话要听,但是分辨是非的能力也要有,蜗牛一家以他们认为快乐、幸福的方式生活。这种方式并不伤害他人,也不违法乱纪,所以是无害的、是没有问题的。"

乔乔犹豫了半天,终于说:"那妈妈以后你的话,我能不听吗?"

我点点她的鼻尖说:"那可不行,等你长大,能够自己做出好的选择时,妈妈就不会干涉了!"

无锡市王晓乔妈妈 戚凤

小朋友,关于这个故事你有什么话要说,写到下面吧!

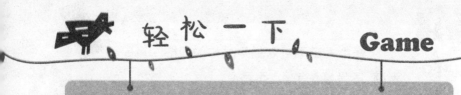

轻松一下 Game

趣味选择

花甲之年指的是 _____ 岁。
(30 50 60 70)

泥鳅离开水用 _____ 呼吸。
(鳃 皮肤 肛门 口)

世界上最小的动物是 _____。
(巨嘴鸟 蜂鸟 指猴 皮堡斯)

世界上有不死之海之称的是 _____。
(黑海 死海 加勒比海 地中海)

答案：60、皮肤、蜂鸟、死海

成语串珠

将下面游戏中缺少的字补充完整。

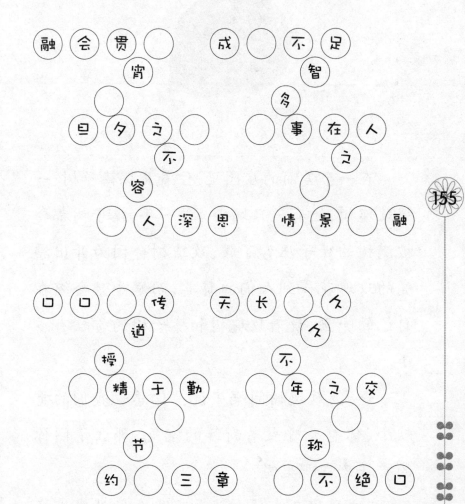

蜗牛和玫瑰树

在一个美丽的庄园里,住着几棵榛子树、一棵玫瑰树,还有一只蜗牛。每一年,榛子树都会被满树的榛子压弯了腰,玫瑰树会因为开出漂亮的玫瑰花得到人们的赞美,而蜗牛只会缩在自己的壳里,说着玫瑰树和榛子树的贡献有多小。

一天,玫瑰树问蜗牛说:"你总说我们的贡献小,你整天呼吸着新鲜的空气,那么请问你的贡献又在哪里呢?"

"这和你又有什么关系,我会做的事情多

了，不过我得慢慢来。"蜗牛说道。

转眼间一年过去了，榛子树又结出了许多榛子，玫瑰树又开出了许多漂亮的玫瑰花，而蜗牛仍然是把头缩在壳里，躺在玫瑰树下。

又一年过去了，春天的时候，玫瑰树又长出了新的枝丫，蜗牛也从壳里爬了出来。

蜗牛嘲笑玫瑰树说："现在你已经成了老玫瑰枝了，除了开花，你恐怕也没有什么作为了，难道你就没有想过你为什么要这样做吗？你这样做是否值得？"

玫瑰树风趣地说："听了你的话，我倒觉得你没有成为一位哲学家简直太可惜了，你提出的问题是那样的新颖，

我还从未考虑过呢。在我看来,我的职责就是开花,这就是我的生活。我呼吸着新鲜的空气,吮吸着雨露,难道我不应该把美丽的花朵奉献给人们吗?我得到了人们的赞美,我感到很幸福。可是你呢?你得到了那么多,又奉献了什么呢?难道你整天待在房间中就不觉得闷吗?外面的风景那样美丽,可你却看不到,真是太可惜了!"

蜗牛生气地说:"我一直生活在我自己的身体里,世界和我无关。我才不要奉献什么!"于是蜗牛又缩回到自己的壳里。

"你简直太自私了,要是没有了新鲜的空气,你的生命恐怕就不能够延续了;要是没有了阳光,你就要忍受着严寒的折磨了,难道你就一点也不感谢大自然吗?我可不会像你那样想。当人们把我的花瓣放进书里或是插在胸前,我的心中便充满了快乐,充满了幸福。"玫瑰树说。

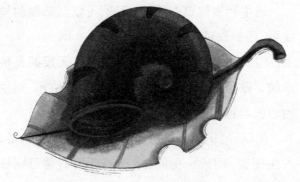

一年年过去了,园中那棵老玫瑰树枯萎了,化作了泥土,老蜗牛也被埋进了土中,可园子里又长出了新的玫瑰树,迎来了新的蜗牛。

新的玫瑰树依旧在开着花,新的蜗牛依旧缩在自己的屋子里,依然认为世界与自己无关。

和爸爸、妈妈一起分享

蜗牛和玫瑰谁做得对？我们可以从奉献的角度看，还是玫瑰树奉献得多。

但是如果从快乐的角度看，两人无疑都是快乐的。玫瑰树为自己奉献的人生感到快乐，蜗牛为自己与世隔绝的人生感到快乐。

所以，他们都是以自己的方式快乐地生活着。人生短暂，须臾一指间，是该自私地做着可以让自己快乐的事，还是为别人的看法而妥协？

这是每个人一生都在选择的问题，没有最终的答案，其他的家长、孩子们，你们是如何选择的呢？

上海市朱心怡爸爸　朱更海

小朋友，关于这个故事你有什么话要说，写到下面吧！